わたしは銭湯ペンキ絵師

田中みずき

秀明大学出版会

わたしは銭湯ペンキ絵師

装幀　真田幸治

カバー写真表　ガヂヲ

はじめに

銭湯のペンキ絵をご覧になったことがあるだろうか。

東京を中心に関東圏でよく見られる、銭湯の浴室内に描かれる壁画のことだ。青空と富士山と水辺の風景が描かれることが多い。私の仕事は、この絵を描くことだ。

この本を書き始めたのは、四年前の二〇一七年。初めにいただいたのは、「自伝を書いてみませんか」というお話だった。しかし、自分の三十数年程度の人生がそれほど面白いものでもないことは自分がよく知っている。

困った。

悶々と悩み、二〇一八年末という締め切りをすっぽかし、二〇一九年になりようやく「書いてみたいこと」が少し見えてきた。自分が何を考えて絵を描いているのかを、まとめてみたいと思ったのだ。そのために、人生の折り目節目で考えたことなども出てくる。小恥ずかしい。

それでも書こうと思ったのは、私がペンキ絵で銭湯と社会との関わり方を変えていきたいと考えてきたからだ。「変える」という言葉は少し違うのかもしれない。大学の卒業論文で調べたペンキ絵についての考察を元に、歴史を踏まえて銭湯ペンキ絵のあり方を再考したいのだ。

大学生の頃の再考を未だに追い続けているなんて、気の長い話だ。なぜ問い続けているかと言わ

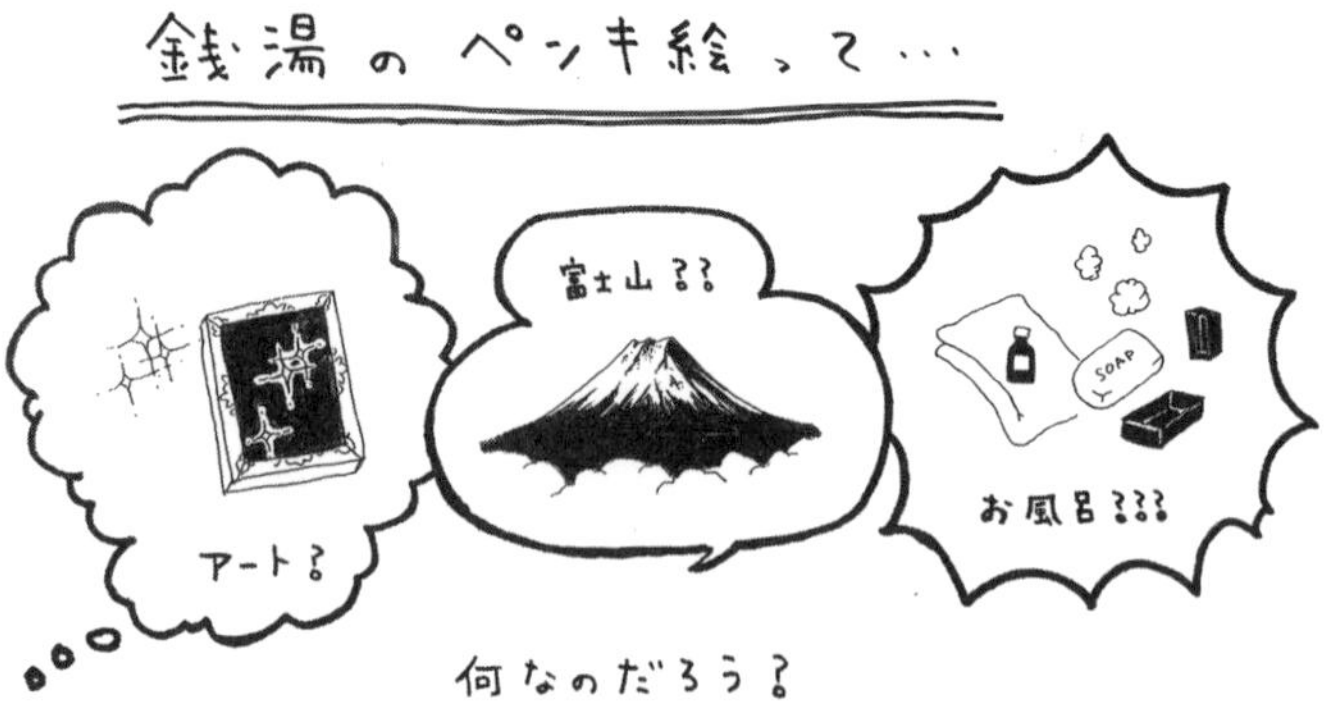

れると、父からの言葉が大きかったように思う。私が大学生の頃、英語の構文について生前の父と話していた際、「ペンキ絵は、Not『アート』But Paint、だなぁ」と冗談めかして言われたことがある。

父よ、私は今でもその言葉を忘れない。

この言葉にどのような意味が見出せるか、考え続けている。

この本を書いた意味があったのか否かは、おそらく数十年先にわかるだろう。この本を手に取ってくださった方に、時代の片隅の目撃者になっていただければありがたい。そして、銭湯でペンキ絵を観ていただくきっかけとなれば、とても嬉しい。

もくじ

湯煙コラム

1. 子供の頃

銭湯のペンキ絵について書いていく前に、私がどんな人生を歩んできたのかを記しておきたい。というのも、全体的に悶々と自問自答しがちな内容なので、こういった人生を送ったからこういう性格なのだなとご理解いただけるような気がしているからだ。少々長くなるため、興味の無い方は後半まで飛ばしていただけるとありがたい。

私は、父の転勤先の大阪で生まれた。大阪弁を聞くと、今も懐かしくなる。しかし大阪で暮らした期間は短く、幼稚園に入る前には家族ともども東京へと戻ってきた。

幼少期の私は、ものすごく病弱な子供だった。少し寝不足になれば頭痛で吐き気を催し、肌寒ければ風邪で寝込み、喘息気味で吸入を続ける。幼稚園もよく休んでいたように記憶している。母親が一生懸命に手当てをし、必要とあれば病院へと連れていってくれていたことを今も体調が悪くなると思い出す。当時の母親の困惑する顔を思い出すと、未だに申し訳ない気持ちになる。

病弱であったこともあり、私は室内で遊ぶことが多かった。

ひたすら、絵を描くのだ。

小学校一年生の頃だったと思うのだが、ある日風邪で寝込んでいた際に母親が少女漫画雑誌を買ってきてくれた。『りぼん』（集英社）である。それまで、兄と一緒に少年向けの『コロコロコミック』（小学館）などは読んでいたのだが、病床で退屈だろうと母親が見繕ってくれたのだった。読んでみて、衝撃を受けた。繊細な線で描かれた絵は美しく、物語も心理描写に富む内容で、それまで読んでいた漫画とは全く違っていた。影響され、すぐに漫画を真似て絵を描くようになった。当時連載されていた、さくらももこ氏や岡田あーみん氏の漫画は兄と奪い合うようにして読み（子供だったので、本当に大喧嘩をしながら本を奪い合っていたのだが）、矢沢あい氏や吉住渉氏の恋愛漫画に心をときめかせた。

余談だが、兄は幼少期からなぜかカルチャー系の情報に強く、幼稚園や小学生の頃に家族でレンタルビデオ屋へ行く際、私が子供向けのアニメ映画を選ぶ横で「大魔神」や「ゴジラ」といった古い映画や、大友克洋の「AKIRA」などを抱えていた。彼の選んだものを私も一緒に観ていたことで、私は文科系カルチャーの楽しさを知ることができたように思う。この場を借りてお礼を言いたい。

体調が良い時は近所の子供たちと外で遊ぶこともあったが、だんだん一人で絵を描く楽しさに惹かれていくようになった。家に帰りおやつを食べるとすぐに落書き帳に絵を描きはじめ、少し漫画の真似ごとのようなものも描き、気づくと数時間が経っていた。

漫画に真似た絵を描いていると、漫画以外の絵にも興味を持つようになる。美術的な絵の描き方や絵画そのものへの興味が湧き、描きたくて仕方がなかった。

絵への興味は、父からの影響も強かったように思う。私の父は新聞社で美術の記事を書いており、一カ月に数回、休日に美術館に連れていってくれた。初めは緊張していた美術館での時間も、行き慣れてくると様々なものが見えてくる。著名な画家の回顧展などを観ると、一人の画家が年齢によって描くものや表現方法が変わっていく様子がわかり面白かった。画家の特徴のようなものも自分の中で認識できるようになり、他の作品も観たくなる。また、美術の歴史においてどのような時代にどのような絵が描かれているのかを知るうちに、作品と時代の関わり方などが見えてきた。自分の中で年表が作られていくように思え、観て考えていくことが楽しくなっていく。加えて、様々な美術館へ行く中で絵画だけでなく彫刻やインスタレーション、メディアアートなど多種多様な表現方法があることも知る。作者が何を狙いとしているのか「コンセプト」という概念を知るようになり、中学生の頃には漫画ではなく現代美術へと惹かれていくようになった。

なお、小中学校ではあまり喋らない暗い子供だった。帰宅すると学校でのことなどを家族に沢山話していたのだが、同世代の多人数の子供たちの中ではどのように話しかければよいのか困ってしまうのだった。明るく場を盛り上げられる子はいいなぁと思いつつ、自分のコミュニケーションスキルの無さに落ち込む根暗な幼少期である。その上で思春期に入っていくので、今になって振り返ると赤面しながら絶叫してのたうち回りたくなる子供時代だった。

湯煙コラム①

稲荷湯

稲荷湯には、二〇一三年から毎年ペンキ絵制作のご依頼をいただいている。そのため、年毎の変化を観ていただくのも面白い。

ご家族で数年越しのペンキ絵案を考えていらっしゃり、変化をつけるべくモチーフのご依頼もユニークだ。長年受け入れている交換留学生の母国などを描くことも多く、日本の富士山と世界の風景のコラボも楽しめる。

なお、ペンキ絵の下にはA3ほどのサイズでご近所の店舗の「銭湯ペンキ絵広告」も設置。こちらも注目していただきたい。

●住所：千代田区内神田1の7の3
電話番号：〇三―三二九四―〇六七〇

2. 描いて、落ち込む

中学生の頃はひたすら真面目に学校生活を送っていた。若い頃にヤンチャだったというエピソードでもあればドラマがあるのだが、ひたすら生真面目な生徒だった。学級委員などをやらされていた。そして、運動系の部活は自分には合わないだろうと考えて美術部に入る。運動部に入らねば内申点が悪くなるのではという恐怖に怯える小心者でありながら、運動部は絶対に自分には向いていないという確信があったことを覚えている。そもそも運動神経が無いし、体力も無いし、年齢による厳しい上下関係があることにも違和感を持っていた。美術部の先輩は優しく個人主義で二名のみ。同級生の部員が多く居やすかったのだ。そして、高校へと進学。小中高一貫校で、内部試験はあるが気楽な環境だった。

しかし、高校生にもなると大学進学のことを考える機会が出てくる。大学は一貫校の系列ではないところへ行こうと思っていた。当時は、美術大学に入って、現代美術の作家になりたかったのだ。そこで、一年生の頃から美術大学受験用の予備校に通いはじめる。事前に幾つかの予備校を見学に行き、決めたのは雰囲気が好きで家からも一番近かった「すいどーばた美術学院」という予備校だった。はじめは週に一回木炭デッサンを描きにいき、学年が上がると週に三日、このほか週に一回ほど特別授業を受け、夏期講習、冬期講習などにも通っていた。数時間、デッサンや課題の水彩などを描くのだ。高校では部活に入っていなかったので、これが私の高校時代をかけた活動になったように思う。

毎日本当に地味である。学校が終わり帰宅するとおやつを貪り食い、自転車を走らせ、デッサン紙を買い、木炭先を削り、描いたものを食パンをこねて消しゴムのようにして消し、石膏像や並べられた果物やガラス器などを黙々と描いていく。しかし、地味とはいえ他の学校の子と話すようになり、時には一般の四年制大学に通いながらも美大を再受験しようとしている大学生や、「もう、大学卒業できる年数をここで過ごしています」といった浪人生の先輩と話す機会もあり、少しだけ広い世界を見ることができるようになった。

そして、ここで一番重要だったことは、自分の絵がいかに独りよがりなものであったかを知れたことだろう。

絵が好きで、それまでは友人たちの中でも「絵がうまい」なんて褒められていたわけだが、初回の絵の講評時にそのプライドはどん底につき落とされた。自分が在籍したクラスには二十名ほどの生徒がいて、講評時には描き終えたデッサンを全員がイーゼルに並べる。まず、自作を並べた時点で「何か違う」と気づかされる。この「何か」は「個性がすごい！」といったポジティブなものではなく、「要求をクリアしていない水準未満感が際立っている」という類の違和感である。

先生から構図の問題点、形の不正確さ、奥行きを感じない描き方などが指摘され、「まぁ、初めてのデッサンって皆こんな感じだから、あきらめないで」と言われた。なんだかもう、自分のためになんか時間を割かないでくださいと思うくらいに惨めだった。あきらめる云々の前に皆の前から消え去らなければならないのではと悩むレベルだったと思う。

自分のデッサンのどこがおかしいのか、何が違和感を生むのか、周りの生徒のデッサンを見てとにかく考える毎日だった。元が生真面目である。講評の度に自分の絵の下手さに傷つき、どうすれば自分が目指すような絵が描けるのかを考えた。

絵は感性の賜物だと考えられがちである。確かに感性は必須なのだが、かといって感性「だけ」では描けない。物の位置関係を把握し、空間の座標軸のようなものを自分の頭の中で作り出し、理知的に平面状の紙に写し取る作業だ。物体の立体感や凸凹の位置関係を他者に伝えるため、時には実際には無いライトを自分の脳内で作り出しモチーフに当ててみる。形を伝えやすい陰影を想像していくのだ。とはいえ、こういった計算だけではなく、描き手の生み出す色味（白黒の木炭デッサンでも描き手によって独特の色味などが感じられるのだが、これは実際に絵を並べてみないと伝わらないかもしれない）を理解し、筆致から生み出される画風から個性が感じられるのも面白いところだ。その個性を意識しつつ、モチーフによってどのようなものをどのような構図にして画面を作ると「自分らしさ」が生かせるのかなど考えていく。

描き続けるうちに、デッサンに求められているものに気づくようになった。「見たまま」に手を動かすのではなく、見たものをいかに解釈し、その解釈を鑑賞者にどのような技術でどのように伝えるのかということが問われているのではないか、と。これがわかるまでは本当に辛く、「何か違う」という非常に漠然とした違和感に翻弄され続けた。

講評のたびに打ちのめされつつ、上記のような観点から「どうすれば良いのか」を模索し続ける中で、不器用ながらも少しずつ技術が上がる。高校二年の冬には予備校の同学年全学科全員が参加するデッサンコンテストでトップの金賞をいただくことができた。その頃には、客観視した上での自分の個性のようなものが少しわかってきていたのも成長だったのだろう。コンテストでは数種の石膏像の中から自分で石膏を選ぶことができたのだが、もはや改めて考えずとも選ぶべき像は目に入ってきていた。とことん細かな描写で描き込むことが得意だった私は、「ガッタメラータ」という細やかなパーマヘアーと甲冑に特徴がある細

美大受験用予備校の主のオーラに圧倒される。
仙人のような長髪&髭!!
たばこのにおいと、修行僧のようなオーラ →
近づきがたい。。
年齢不詳。(話すと、やさしく面白い素敵な先輩だったりする。)
この人も同じ「受験生」なのだろうか!?
カートに乗せてきた山積みの画材

身の胸像を選んだ。量感を表現することは不得手なので、筋肉質で量感のすさまじいブルータス像は避けたのだった。その狙いはありがたいことに評価され、講評の際、「読みが当たった」と思った。

嬉しかったのは、そのデッサンが参考作品として予備校に買い取られたことだ。実はそれまでにも作品が買い取られたことはあったのだが、自分の絵に需要が生まれ、また学校という場所に残されるものになると、ありがたくなる。そして、自分がやってきたことが間違ってはいなかったと思えたのだ。

偏頭痛持ちだったため小さい頃に脳のＭＲＩの検査を受けた際、「この子は視覚の感覚は発達しているが、運動神経に関する脳の発達は良くない。絵を描くより批評家タイプだ」と言われていた。そのため自分には限界があるのではと思っていた。見るのは得意だが、動くのは下手なのだ。下手と知っているので、私は何度も繰り返すしかなかった。自分の下手さにのたうち回りながら、上手い人がどのように描き、どうして自分の絵には違和感があるのかをひたすら考えて描き続けた。

あの予備校時代、毎回打ちのめされ、同じ講習をとる同学年の他の学校の子たちと話して自由さを感じ、少し先輩の浪人生の様子から自分の将来を予想し、片思いをし、冬の夜の道を自転車に乗りつつ自分の息の白さを感じていた時間は、汗臭くてどんくさくて手際が悪すぎて小恥ずかしい時間だが、地味ながらも青春だったのだろうと思っている。

なお、高校でも地味な学生であり続けながらも、友達と自主制作映画を撮ったり、校内で展示をするグループに参加させて貰ったりして過ごしていた。ちなみに担任が数学の先生だったのに、数学で赤点を取っていたことは今更ながら謝りたい。

湯煙コラム②

寿湯

「ジオストーム」、「アベンジャーズ」といった映画や、アパレル会社のBEAMSなど様々なPRを行ってきた銭湯だが、PR以外のペンキ絵にもご注目いただきたい。

銭湯がある台東区の上野動物園や、店主のボクサー時代の様子など、ユニークなモチーフのご依頼をいただいてきた。ペンキ絵からも地元への愛情と店主の個性が伝わってきて、早い開店と同時にお客が押し寄せる人気店なのも頷ける。

備え付けのアメニティや露天風呂なども見逃せない銭湯だ。

●住所：台東区東上野5の4の17
電話番号：〇三－三八四四－八八八六

3.「質問の答え」ではなく、「質問の意味」がわからない

前章では熱く予備校通学時代のことを書いていたのだが、結局私は美術大学には進学しなかった。私大の文学部で美術史を学ぶ進路へと変更したのである。

入試前、自分がどのくらいの確率で美術大学へと入れるのか、そしてその後に食べていけるのかで悩んだ。予備校では初期の頃は同学年の子たちが受けるクラスを受講しているのだが、そのうち学年が上がっていくと受験する科目に合わせて専門的なクラスへと移動する。日本画の学科を受験するのであれば日本画受験コース、油絵なら油画受験コース、彫刻なら彫刻科コースという具合だ。そんな中で、何年も予備校に通っている生徒がいる。本来なら大学を卒業し社会人であってもおかしくない年齢の浪人の大先輩もいた。そ

ういった方々に出会う中で、人生計画を冷静に考えてしまったのだ。

また、クラスが沢山あり、どのクラスも学生が一杯いることから受験生の総数を想像してしまった。大手の予備校だったので、夏期講習のお昼などになるとすさまじい数の学生が学校中にひしめく。自分の通う予備校だけでもこれだけの人数が美大を目指す中で、同様の予備校が都内でも幾つかあり、全国的にはさらに想像のつかない数の「美大に入りたい若者」がいると考えていくと、身の毛がよだった。しかも、これだけの予備校生が何とか美大に入り制作を始めたとして、美術館で個展を開くような有名美術作家として活躍をしている人物は極少数だぞ、ということにも気づいてしまったのだ。宝くじに当選する位の確率である。この世界で食べていくということはどういうことなのだろうと思ったりした。加えて、高校で興味を持つようになった分野—インターネットや映像などを使うメディアアートやインスタレーションといった現代美術の作品については、当時まだ専門的に教える大学が少なかった。受験をするにしても、どのような進路が良いのか考えざるを得なくなる。

当時、自分が好きな現代美術の美術作家といえば、村上隆氏、福田美蘭氏、八谷和彦氏、藤幡正樹氏、川俣正氏などだった。ジャンルも作風も多様ながら、傾向の一つとして、美術史の流れを鑑みた上で作品を生み出す姿勢の美術作家の方と言うことはできるかと思う。本当に美術の世界に身をゆだねるのであれば、作品制作の技術を学ぶことはもちろんだが、美術史の知識があると強いのではないかと思った。

美術史が学べるところはどこか、と探していくうちに見つけたのが、私が入学した明治学院大学だ。美術史だけでなく、映画史を学べるところも魅力的だった。私は中学校時代にはお小遣いのほとんどを映画館で映画を観ることに費やし、高校時代にはクラスの友達と映画を自主制作して学園祭で上映するくらいに映画が大好きだったのである。著書を読んでいた四方田犬彦教授の授業を受けられるかもしれないと思うと嬉しかった。

また、本当に甘く失礼な考え方だが、私大であれば空いた時間に美術作品制作ができるのではとも思った。国立の錚々たるエリート校に比べると少し楽なのではないか、と考えていたのだ。甘い。甘すぎる。若さというのは本当に、世の中を舐め切った思考を許してしまう。空き時間ができるという予想は、講義を受けてすぐに覆った。

それは、初めての講義の際に起きた。必修だった四方田先生の講義で、先生が若い頃に読んだ本を紹介している著作の中から、毎週一冊が取り上げられるという内容だった。その週に扱われる本を事前に読んでおくことが課せられる。ガイダンス後の初めての本格的な講義の課題書は、『黙示録』だった。その日、私は講義のテキストであった先生の著作と聖書の中から黙示録のみを読んでから講義を受けに行った。本当に「読んだだけ」で行ってしまったのだ。先生は新約聖書や旧約聖書の違い、映画の中でも聖書のモチーフが重要な意味を持つことなどを解説し、黙示録に出てくるモチーフの説明などをしてくださった。「なるほど…」と夢中でノートを取る。新しい知識を得て興奮し、大学だと専門的なことを教わることができて面白いなぁと思っていた。しかし、この授業でのクライマックスは最後の質問の時間にあったのだ。先生が「何か質問がある人は？」と問うた。

先生の授業はわかりやすかったし、質問など出るのかなとボンヤリ思っていると、後ろの方の席で一人の女性が手を挙げた。その女性は、東京大学の大学院生で「先生に質問をするためにモグリに来ました」と自己紹介をし、旧約聖書と新約聖書の一部分の解釈の違いについて先生に意見を求めたのだった。その瞬間、教室の空気が変わった。

私は、衝撃を受けた。何に驚いたかと言えば、質問の答えではなく質問そのものの意味が全くわからなかったからである。その問いは、専門的な知識がなければできない問いだった。運動部にも入らずに美術展や映画館に入り浸り、本を読むのが好きな文化系の自分が、初回の授業で全くわからない質問に直面するとは。質問とは、理解ができなかった点を確認し教えを乞うものではなく、考えを発展させるためのものだったのか。そういった質問のあり方を人生で初めて自覚したように思う。その際、先生は質問について確認をしながら答えていたのだが、私はその答えを覚えていない。再度書くが、質問そのものが全くわからなかったのだ。

しかし、先生が授業中の該当箇所を回答になるように詳細に語りはじめ、それまでの講義をさらに深化させる説明をなさっていた様子は覚えている。たった一つの質問で、より面白く深みのある内容を得ることができるとは。この体験は強烈だった。あの授業で最後に質問をしてくださった方に、可能であればお礼を言いたい。私は翌週から「あんな質問をしてみたい」と講義の課題図書に加え、その研究書を読んでいくようになった。我ながら、なんという単純さだろうか。アホである。

その日から読書漬けの毎日が始まった。入学前に予想していた「空き時間」なんて無かった。ありがたかったのは、読書のための時間があったことだ。大学のキャンパスは二年次までは神奈川県の戸塚にあり、片道二時間弱をかけて通う中で一時間以上は電車で過ごしていた。これが読書には役立った。電車の中は読書に向いている。片手さえ空けば、本は持てるのだ。あの長い通学時間のお陰で自分は分厚い本を読んでいく習慣がついたように思う。今、大学生だったら、スマートフォンを見てしまっているはずだ。あの時代で良かった。

なお、質問をするのは難しい。日本では小学校から高校まで「質問をする生徒」はなかなかいないのが実情だろう。そんな中、大学で百人強の学生が集まる大教室で質問のために手を挙げた際には、震えた。だが、指されても自分のことを見ている人はほとんどいなかった。

大学での、初質問。
ひえーッ!!
っ…は…はい……
質問ある人〜?
手がふるえた。
それまでの人生で、1番緊張した。
(街で見かけたら あやしい位に 挙動不審だったと思う。)

毎回質問をするうちに流石に覚えてくれる人も出てきたが、質問なんてしたら浮くのではと思っていたことすら自意識過剰だったのだ。少し質問をすることが楽になった。

とはいえ、最初は自分でも落ち込む位に良い質問ができない。感想のような質問をしていたように思うが、先生の反応を見ていくうちに、どのような質問が内容を深める質問になりそうか考えるようになった。先生の反応がいまいちな質問をしてしまった際には落ち込んだが、こちらは美大受験に備えたデッサン講評で落ち込み続けた人間である。失敗したら改良していけば良いだけだ。次第に本だけではなく論文なども調べ、質問を考えていくようになった。進級すると、幾つかの講義で教授や講師の先生から「今年も同じ授業をしているのだが、モグリにきてくれないか」と言っていただけるようになった。四方田先生は、院への進学時に先生の授業を取るよう誘ってくださり、ありがたかった。

自分で勝手に課した「毎週一つの質問をする」という体験は、研究の際にどのような「問い」を持つと良いのかということを学ぶ基礎になっていたように思う。あの時、私の拙い質問に付き合ってくださった教授と同学年の全学生にお詫びを申し上げたい。しかし、この本を読む方の中に学生さんがいたら、ぜひ質問をしてみてほしい。学生さんに限らず誰でも、問うことができる機会に質問をしてみると新しいものが見えてくるのでお勧めだ。二〇二〇年は新型コロナの影響もあり多くの大学がWEB講義化されたことで、学生がリラックスして質問が出やすくなったと聞く。この点に関しては良い変化だと思う。

余談ではあるが、質問については海外のメディアの方から取材を受ける際にその質の高さに驚かされることがある。日本のメディアでは、事前に調べてきた以前の資料をなぞったままの質問をして新しい発言が引き出されなかったり、既にインタビューの文脈が取材者の中で決められていて、一つの答えが出るまで何度も似た質問をされたりすることが多々ある。また、「銭湯についてどう思っていますか」等、脈絡なく漠然とした質問が出ることも多い。「どう」って、何なのだ。海外の大手メディアでは、「あなたはこの問題についてどう思うか」「あなたの思う銭湯の歴史について語ってくれ」と具体的に質問をしてくださるため、「個人」が何に問題意識を持ち、どのような思考をしてきたかという答えを導きやすいのだ。これがディベートの歴史の違いなのだろうか。とりあえず、答えていても面白い。なるほど、こういう質問をするのかと後から驚かされることも多い。

そんなこんなで質問をしながら講義を受けつつ、私は美術展監修や著作を通じて美術の面白さを多くの人に伝える活動を手掛ける山下裕二先生のゼミに入った。先生は、日本美術と東洋美術の知識を広く持ちながら、現代美術の展覧会などにも多数足を運び、学生に気さくに情報をくださる方だった。しかし、ゼミの発表時には目をつむりながら無言で学生の発表を聞き、甘いところがあると厳しく指導なさる姿を今でも思い出す。

映画ではなく大好きだった日本美術史を専攻としたが、あの初回の授業で問いを持つことの楽しさを知れたお陰で勉強が面白くなったように思う。その後、私はずるずると大学院まで進学した。わからないことを探すことが楽しく、学ぶ機会が得られたことは幸運だったと思う。

大学二年次の冬、次年から始まるゼミに向けて、卒業論文のテーマを提出することになった。私は、何について書けばいいか迷った。好きな画家や現代美術家について調べるか、あるいは何か一つの観点から複数のモチーフについて書くか、美術については何を考えても面白いし、好きな作品も多すぎて選びきれない。

悩みながら、白い紙に何を書きたいかとテーマをひたすら書き出すことにした。そして、どんな観点であればテーマについて書くことができそうかを考えていく。果たして自分は何を勉強してきて何を調べていきたいのか。モヤモヤと考えていく中で、絵画の受容史の観点から考えていきたくなった。その結果、卒業論文は、『銭湯におけるペンキ絵再考―20世紀「富士」画題の定型化について―』というタイトルで、近代の富士山モチーフの受容史から銭湯ペンキ絵をとらえなおすものにした。受容史について書きたかったのは、近世・近代の日本美術についての講義と父からの影響だったように思う。大学の講義で、おもちゃ絵や団扇絵、浮世絵や挿絵、書道、伝統工芸や陶器、祭りの飾りといった生活の中で楽しむ美術のあり方について学んだ際、美術は畏《かしこ》まって鑑賞するものだけではないのだと知り、敷居が下がる気持ちがしたのだ。

「美術史」なんて改まって言われると、気取った人たちが、よくわからないカタカナの言葉で蘊蓄を語るものと勘違いする方も多いだろう。慣れない用語に驚かされて外からはそう見えるかもしれないが、基本的には作品を楽しむために作品の様々な解釈の仕方を研究するという姿勢のように思う。新しい観点に出会えば、ドキリとさせられる。少しミステリーを読む感覚に似ている。

大学で学んでいく中で、美術館などの特別な施設ではない生活の場で様々な作品が楽しまれてきたという事実が私には新鮮だった。建物に絵を描いた襖絵などはまさにその一例で、有名な別例として現代人が雑誌を買うように楽しまれていた江戸時代の葛飾北斎などの浮世絵も挙げられるだろう。個人的には、近代の日本画・洋画の試みが面白い。明治時代の洋画家は日本に馴染みのない文化を身近に感じさせるため、団扇に絵を描いたり、お皿に絵を描いたり。後述するがパノラマという街の見世物に、現代では歴史の教科書に名が載るような洋画家が絵を描くなど、本当に多様な試みをしていた。そもそも展覧会自体が昔は見世物のようなものであった（木下直之著『美術という見世物—油絵茶屋の時代』平凡社、一九九三参照）。こうした「美術の楽しみ方」があったことを忘れてはいけない。美術が台座や額縁の中に納まったものではなく、日常の中で面白がられてきた側面は大事なものだと思う。それは、日本における確固とした芸術鑑賞の一つの姿勢だ。

そもそも、明治時代に欧米からの「アート」という概念を和訳した際に「美術」という名前にしてしまったことが「芸術作品は美しくあらねばならぬ」という謎の強迫観念を呼び起こしてしまったと思え、よろしくない。作品を鑑賞し美しいとは思わずに笑ったりしてもよいのではないか。作品を介して、人生に問いを生むことが重要だ。美しさを求め尽くした真摯な姿が観えればそこに感動はあるが、美しさが形式になると途端につまらなくなる。そして急に、興味がうすれてしまう。

アートに身近さが必要だと思うのは、私が父の影響を受けていたことが理由の一つにある。重複するが父は新聞社の美術記者だった。彼はいつも「自分の老いた母にもわかりやすいように記事を書く」ことを意識していた。難しい専門用語は使わず、使わねばならない場合はわかりやすく説明を加え、専門家でなくとも興味を持ってもらえそうな表現方法を探した。その姿勢は、芸術のあり方としてとても重要だ。身近に感じられることで、作品は面白くなる。かつては地位の高い人間しか鑑賞することができなかった芸術がより多くの人間に享受される。様々な国の歴史を鑑みたとしても、これは重要なことだ。誰のために作品

京都の美術館で、「美術の身近さ」を目撃し、考えさせられる。
当時、安い夜行バスなどで日本各地の美術館へ。
ヒソヒソ…
このお侍さん、びっくりした顔ね!。
ふふ
ねえ。となりの人も目をみひらいちゃって。面白いわねえ…。
作品を見ながら小声で気づいたことを話していて、面白そうだなぁ…。
へえ〜…
東京の美術館では、あまりその場で作品について話す人がいない気がする。

があるのかという問いである。

私は、その上で街の片隅にある「銭湯」という入浴のための施設で絵が描き続けられていることに興味がある。高尚な芸術作品として鑑賞されることは無いだろうが、それはなぜか。そもそも、高尚とは何か。高尚さは芸術作品には必要なのか。

現在私が使う名刺は二種類あるのだが、一つは裏面にペンキ絵が印刷されたもので、もう一つの裏面には「Not『アート』But Paint」と書いてある。これは私が学生時代に父が冗談で作ってくれたキャッチフレーズだ。前書の「はじめに」でも書いたが、私はこのフレーズを問い続けているように思う。

なお父は私の修業中に永眠した。彼には私が描いた銭湯ペンキ絵や参加した美術展を見てもらうことができなかった。父の力を借りることなく自力で仕事をしてきたけれど、いつも立ち返るのは彼が遺してくれたこの言葉だった。

湯煙コラム③

第二寿湯

銭湯業界でもいち早くゆるキャラでPRをしてきた、江戸川区。キャラクター「お湯の富士」には、区外のファンも多い。

第二寿湯の店主はお湯の富士の生みの親で、今では江戸川区の銭湯で「ペンキ絵にお湯の富士を入れてほしい」というご依頼を沢山いただく。こちらのペンキ絵には、隠れお湯の富士や江戸川区の名所も描かれ、地域に根差したペンキ絵になっている。ぜひ、じっくりご覧いただきたい。

ポスターや暖簾にもお湯の富士がいるので要注目だ。

●住所：江戸川区江戸川1の10の23
電話番号：〇三－三六七〇－六一九五

4. 弟子入り

卒業論文がきっかけとなり、私は中島盛夫師匠の元に弟子入りをした。卒業論文を書いていた大学三年次に、師匠がイベント会場でライブペイントをしていた際、銭湯での制作現場を見させていただきたいとお願いしたのである。制作の様子を拝見し、瞬く間に絵が完成していくことに引き込まれた。男湯と女湯の絵、一〇m×五mほどの大きな壁の絵を一日で仕上げることにも驚いた。

何十年も銭湯ペンキ絵を描き続けてきた師匠のところでの仕事は、荷物運びから始まった。それから、周りが汚れないようにと薄いビニールやブルーシートでカバーをするなどの軽作業をしていくうちに、空を塗らせていただけるようになる。一色のペンキで色を塗ることは一見簡単そうだが、実際にやってみると難しい。壁が傷んでいることも多く、補修から始めねばならない。ペンキがささくれのように捲れている部分を剥がすところから作業開始だ。これを一時間程続けることもある。ペンキ独特の粘り気や、経年劣化で凸凹になった壁面には塗る際にムラができてしまう。そうしたムラを幾度も直し、永遠に塗り終わらないのではないかと思う広い空を塗っていく。

朝五時に起きて支度をし、師匠の車に乗せていただき一日動いて夜に帰宅する頃には、ヘトヘトになっていた（師匠はさらに前日からの準備と帰宅後の道具の片づけもなさっていたのだから、もっと大変だ）。制作は一日で終えねばならないので、休憩時間はあるものの猛スピードで作業をしていく。冷暖房のない浴室で、夏は熱暑、冬は冷えの中で作業が進む。体力の消耗がすさまじい。また、ケガや筋肉痛も当時は多かった。良い職人はケガをしないものだが、慣れるまでは足が上がらず、ぶつけて青アザをつくることもあった。また、壁の傷みがひどい時や広い空で幾度となく梯子を上り下りしての筋肉痛…。とにかく、肉体労働である。今では慣れてケガも筋肉痛も無くなったが、体調管理を含めて本当に学ぶことが多かった。改めて、手際の悪い私に教えてくださった師匠にお礼を申し上げたい。

なお、以後、様々な経験をして現在は夫と二人で制作するようになった。修業について学んだ技術が役立ってきたのはもちろんだが、今改めて意識するのは「見て盗む」という教育の仕方である。

職人の世界では、学校のように描き方を手取り足取りわかりやすく教えるということがない。そして師匠も「見て盗め」というスタイルで教えてくださった。弟子入りをしていた際は、この指導方法から技術を習得することに時間がかかり、自分に落ち込むことが多々あった。

しかし、いざ一人で描くようになると、この「見て盗む」学習方法には大きな意味があったのではないかと思う。自分なりの「問いの立て方」や「描き方」が組み立てられ、新たな挑戦をする際にも「何を問いて描いていけばよいか」という思考の仕方ができるようになったからだ。弟子当時、毎回落ち込みながら私は考える機会をいただいていたのだろう。これは、とても重要な経験だった。

学校のように項目を立てて細やかに教える教育は、おそらく効率がよく平均点は上がるだろう。しかし、問いは生まれづらい。教えられた情報をどれだけ効率よく習得し、どれだけ点数を取れるかという観点になりがちだ。その環境では、平均点を「超える」きっかけが生まれづらい。

問題は、修業が終わった後なのだ。一人になった際に、自分が成長していくために何を見ればよいのか、どのような問いを立てればよいのかといった、智恵と言える思考が必要になる。この智恵は、実は人から教わることができない。長い時間の中で独自に観点を生み出していくことで培われるのではないかと思う。

「見て盗む」という職人の文化がどのような意味を持つのか考える中で、竹工芸の人間国宝、飯塚小玕斎の言葉に引き込まれた。代々竹工芸に携わる家に産まれ、若い頃は画業で生きていこうと考えていたものの、兄の病死により跡継ぎとなり、父の琅玕斎から竹工芸を学んだという人物である。

私の父は教えるのに、ここをこういうふうにしてやれ、ということは絶対にいわない人でした。そこへ座って仕事をみていろ、というやり方でした。ですから、私からいわせれば、そういうやり方はまことに遅いのです。一つのことを覚えるのでも、手をとって、たとえばノコギリ一つにしてもここを切れといってくれた方がはるかに早いわけです。ところが絶対にそういうことがなかったのです。目の前でノートをとると怒られますので、それは仕事が済んでからということで、目の前でみて覚えさせられました。

（中略）

私は弟子を五人ほど育てていますが、父の教え方とは対照的で、懇切丁寧に、教えました。父の教え方ですと、一年、二年たって初めてわかってきました。それまで、ああでもないこうでもないと苦しんで、ああそうか、こうすればよかったのかということが、だんだんわかってきまして、自分でそういうものを発見いたしますから、完全に自分のものになったわけです。

ところが、私の教えた弟子は、私の手をはなれると、一年たらずで、どんどんだめになってゆくのです。はなれるのが長くなればなるほどだめになるのです、いた当時はなんとかできたのが。

（中略）

私の場合は、自分のものにしてゆきましたから、遅いけれども身についたのです。懇切丁寧に教えるということは、コツのあり方も、最初から教えてしまうわけで、そうすると身につかない。私の場合には、探しあぐねてやっていますから、遅いけれどもだいぶそこに差ができてくるのです。

ですから、いま考えますと、当時、父に手をとって教えられなかったということは、むしろほんとうの教え方であったと思っています。

（飯塚小玕齋「竹に学んで」内「父の教育」、『在家仏教』、一九八三年七月号）


やはり、と思った。

昨今では「職人の専門学校を作れば効率的で良い」といった考えを唱える経営者などもいるが、その育ち方をした職人は近未来の世の中でＡＩの進化により手仕事へのニーズが無くなる際には淘汰されるだろう（その際には何かを生み出すのは人ではなくなっているのかも知れないが）。問いのきっかけとなる間違いや、予想できない事態を経験できないからだ。近未来では逆に、人間が修業をした上で長考の末に創り出すものにのみ新たな意味が生じる可能性もある。

かつて職人は本を読むことも許されず、若い頃からの入門が勧められていたという（塩野米松著『失われた手仕事の思想』、草思社、二〇〇一参照）。そうしたことは現代的に考えると理不尽に思われるかもしれない。しかし、最も吸収力があり基礎すら掴めていない状況では、本を読む時間があれば技を磨く作業をするべきという合理的な思想とも言える。隙間の時間に本を読んで深化しない思考を続けてしまうより、長い人生の中で一時のみ思考を止め、技を習得するため自身への問いかけのみに集中する。個性を捨てて自分の技を熟練させていった際に残ったものこそが洗練された思考へつながるという経験論も反映されているだろう。また、長い修業期間を鑑みると、身体の老いなどを考えても早い時期の弟子入りのほうが身体的ピークに良い仕事をすることができる可能性が高いため、若い年齢での弟子入りが奨励されていたというのも論理的かつ合理的な思考法による行動と思われる。

けれども自身へ問いかけるため知識が沢山あれば問いの幅も広がり、また現代においては一般教養としての知識はクライアントと話をする中でも必要である。個人的にはむしろある年齢に達した際には、多様なメディアに触れて見解を広げ、多くの問いを持つべきかと考える。そういった部分的な変化は必要かと思えるが、職人の歴史的な教育方法を「古い」と軽視してしまうと、大切な合理性を失うことになるのではないだろうか。根底的な「見て盗む」という文化は、あえて現代において再考察・再評価すべきように思える。とはいえ、私も若い頃には修業内容の効率化が可能なのではと考えていたし、現在の思考も歳を経るうちに「あの時は若く未熟な思考だったなぁ」と思う時が来るのかもしれない。しかし、現状ではこの「見て盗む」修業こそ、時間はかかるけれども論理的な教育だと思っている。

もちろん、経済システムとしては学校制度にして沢山の学生を入学させて授業料も取れたら楽だろう。しかし、授業料を払う学生は受け身になってしまいがちだ。また平均点という数値化された概念が生まれてしまい、数値化し難い「一人の職人の成長の過程を楽しむ」という職人享受の姿勢も失われることになるだろう。育てるということは、アイドルとファンの関係を見ても本来なら含蓄のある娯楽になり得るものなのだが。

「見て盗む」教育が失われてしまうことは、職人にとっては不合理なことかと思われる。というより、それを求めるなら専門学校に行ってどこかに就職して暮らしていく人生を選べばよいのであり、職人がいかに職人たるかを思考する一つの観点になるかと思っている。何が本当に合理的かを真摯に問いていくべきだろう。

5. 会社を辞めたこと

弟子入りしていた頃、大学院を出た後は修業を続けながら会社員として働き、その後はアルバイトなどをしていた。

会社員としては、就職活動を経て美術系の出版社に就職し、編集業に携わっていた。しかし就職していたのは、一年と数カ月の期間だ。短い。会社員について云々と言える経験談は無い。というより、失敗が多く恥をよくかいた時代だったと思う。学生時代には割と優等生として生きてきた自分が、会社組織ではいかに使えない存在かを強く意識させられた経験だった。最後は体調を崩して辞めざるを得なかったという、なかなか暗い話である。ただし、当時の経験が無駄であったかというと逆だ。会社員をしていた際に学び、現在役立っていることは多い。

一番勉強になったのは、自分が苦手な事柄がわかったことだろう。例えば、自分は「七〇%」を求めるのが嫌なのだと気づくことができた。仕事をしていた際、上司から「一〇〇%の仕事を二割の確率でする人と、七〇%の仕事を保ち続ける人がいたら、会社では後者が求められるかも」と言われたことがあった。これに困った。そりゃあ、七〇%がどのくらいかわかるほど要領のいい人間なら良いが、自分は不器用なのである。可能であれば現状一〇〇%の仕事がしたいと努力しても、それが七〇%にもなっていない可能性があるから悪戦苦闘しているのだ。だから、効率は悪いのかも知れないが、自分ができる一〇〇%の仕事は最低でもしておきたい。

また、できれば残業になってでも念のための用意をしておきたいというタイプだったが、私の勤めていた会社は残業が認められず、なるべく早く帰ることが求められていた。現場に長く居ることで仕事を把握したいと思っていたのだが、それが叶わない。残業代が出るのであれば無駄な賃金をいただくことになってしまうので早く帰るのも納得なのだが、そういったシステムでも無かった。言わば、超ホワイト企業だったのだろう。しかし、そのシステムが自分のように一つのことに集中しがちな人間には不向きだったのだ。

　加えて、スケジュールや進行などの全体像が見えない仕事をすることが苦手であることもわかった。それまで、大学で論文などを書く際には一人でやる作業では全てを把握し計算することができた。けれども仕事では全体像がつかめないことも多い。末端の新入社員ならなおさらである。そんな中で、どこまで人を頼ってよいのか不安になるようになってしまった。実際の仕事では、他の方に依頼したら本当に素晴らしいものが上がってくるのだが、とにかく不安なのである。これは小心者そのものの思考で、現状でも恥ずかしくもある自分の性格だが、自分のペースがつかめないまま日々を過ごしていた。

　そういった小さな苦手意識が積み重なり、持病の体調の悪化なども伴って、会社で数回倒れた。会社には本当にご迷惑をおかけしたと思う。そのうちに、自分は頑張ってはいるが、どうも頑張る方向が会社というシステムに合っていないのだなと気づくようになった。倒れたことで居づらかったのも本音だ（念のために書くが、これは持病のせいではなく持病をコントロールしきれなかった自分に責任がある。同病でもしっかりと働き続けている方は大勢いる）。

そうなると、会社員を続けられるのか不安になるものだ。当時、何人もの方から、会社は辞めないほうがいいというアドバイスをいただいた。確かに、定期的にお給料がいただけるという安定した生活を捨てるのは怖い。ただし、私の就職時代は経済状況も悪く、定職に就かないまま暮らす知人・友人も沢山見てきていた。もしかすると幾つかの仕事を掛け持ちしていけば、休みを平日にとれてペンキ絵の修業にも行けるようになるのではと思った。編集者として自分よりも向いている人間は多数いるだろうが、今、自分が銭湯ペンキ絵をやめてよいのだろうかと自問してみると、会社を辞めるという選択肢にも価値があるのではと思えた。

ある種、アホだったから決められたことだったのだろう。今、若者から同じ相談をされたら全力で止める。しかし、当時は養わなければならない家族もいなかった。暮らせる実家もあった。自分一人が将来の経済的な地盤を作ることができればいいだろうという気楽さがあったことは否めない。他の人から相談されたらお勧めは絶対にしないが、決めるとは、そういうことだと思う。

会社員時代に自分の性格や思考の傾向について知ることができたのも利点だったが、同時に社会的なマナーや会社のシステムを学べたことも大きな収穫だった。会社という組織は一つの企画に対し、どのような人物が関わりどのような会議を経て物事を決定していくかといったことがわかり、現在でも企業からのご依頼があった際に大きな流れの予想がつくようになった。これは年間のスケジュール調整や、同じ期間に幾つくらいの案件の掛け持ちが可能かを検討する上でとても役に立った。

また、ビジネスメール文面の書き方や請求書の書き方等について、企業で通じる形式を知ることができたことも有益だった。細かい作法ではあるが、メール一つとっても仕事のメールの書き方は独特で、企業教育を受けたことがあるか否かがわかってしまう。そのマナーをあえて少し逸脱して親しみをこめた文面になさる方もいるし、いつも完璧なビジネスメールをくださる方もいる。その人の人生観や仕事観がうっすらとわかってしまうのだ。そんなこともあり、きっちりとした企業の方とメールでやり取りする際には、特に会社員時代にメールスキルを学んでいたことが大変役立った。こういったスキルは些細なこととはいえ、慣れと知識が必要なことでもある。そんなマナーに意味は無いという自由人もいるが、それは本当に頭が良く、内容を吟味し本質をつくメール文面を書ける場合にのみ当てはまるように思う。自分を含めて、そこまで至っていない人は一度ビジネスメールを学ぶと見えてくる世界が変わるだろう。こういったことを書くと古いと言われるのかもしれないけれど、ダラダラと書かれた口語のメールは読みづらく、時間が無駄にかかって疲れてしまうというのが本音だ。

加えて、アルバイトの経験も勉強になった。会社を辞めてからやっていたのは、アルバイトとネットライターだった。高校時代も大学時代も週一程度のアルバイトはしていたが、初めて平日にアルバイトとして長時間働くことになりドキドキしていた。アルバイト先は、神田にあるビジネスホテルのフロントである。

それまでは「人に会うためには、こちらから動かねばならない」と思って生きてきていたが、フロントに立っているとお客様のほうから来てくださる。新鮮だった。初めは受け答えもしどろもどろで、研修期には「この受け答え…放送事故ですね」と思わずつぶやき、上司が苦笑していた顔を忘れることができない。そんな状態でも数カ月で慣れ、しばらくすると新人のアルバイトの方に教える機会も出てきた。社員の方も丁寧にアルバイトに対応してくださり、お客様も常連の方が多く、居心地の良い勤務先だった。

真面目な勤務態度だったと思う。その生真面目さを嫌うお客様もいれば、高く評価してくださりアルバイトの自分の名前を憶えて来店の度に声をかけてくださるお客様もいた。ある程度まで努力したら、後はもう自分の頑張り云々ではなくご縁なのかもしれないぞと思うようにもなった。最初の挨拶の一言でどのような情報が求められるのか、天気の情報なのか野球の試合の結果なのか、ご近所のお店のことなのかなどを想定し準備しておいたり、同じお客様がどのような依頼をなさるかを把握しておくとスムーズにご案内ができたりといったコミュニケーションスキルもここで学んだ。また、海外の方が母語ではない英語で要望をしっかりと伝えてくださる機会もあり、文法云々より何を伝えたいかという熱意が会話には大切なのだと改めて思ったりもした。フロントに立っているだけで様々な方にお会いできた当時の仕事は人生を豊かにしてくれた。

アルバイトと同時にやっていた副業のライター業は、大学と院で同じゼミにいた友人が誘ってくれた。この仕事はペンキ絵業を始めてからもしばらく続けていた。美術批評サイトに掲載する文章を書くのだが、観たものを文字にして人に伝えることが難しく、面白かった。そして、組織的に融通の利くシステムだったため、こちらで様々な試みを行うことができた。なかなか懐の深いシステムだったと思う。銭湯ペンキ絵の修業が重ならない場合は、アルバイトに行く前にギャラリーなどを回り、ひたすら記事を書いた。

当時、記事の締め切りを勝手に自分で決めていた。本来は締め切りや執筆原稿数なども決まっていない自由なサイトであったが、他のサイトと比べてみると記事の更新率が低かったため最低でも三日に一本は短い記事を出すことにしてみた。工夫のように書いてしまったが、そもそも自分は締め切りが無いと動けないズボラな性格だったせいだ。また、大して書いていないのにライターを名乗ることにも気恥ずかしさを感じた。ならば、書いてみるしかない。

日にちを決めて執筆を続けるのは辛い

ホテルのフロントアルバイト時代、よく銭湯の紹介をしていた。(海外からのお客様に訊かれることも多かった。)
近くの銭湯、教えて下さいっ。
銭湯、行ったことある?
はいっ。
○○湯で、フロント式で、ペンキ絵もあって…
やたらと説明が長い
受付
行ったことがあるどころか、そこに絵を描く修業中だなんて言えない…
私は銭湯が好きでね…
ダンディーなお客様

時もあったが、書き続けることで文章の組み立て方を覚えたり、人知れず書き続けていくことに慣れたりすることができた。この「誰にも評価されないながらも生み出していく」という経験は、現在ではイメージ図の制作をする際などに非常に役立っているように思う。次第に、どのような展覧会についての評はどのようなタイミングで書くと閲覧数が増えるのかもわかりはじめた。持ち回りで役職に就くようなゆるやかな組織で、副編集長から編集長になった。途中で運営の会社が変わるなどもあり、最後はペンキ絵業が多忙となったため手が回らず、職を離れることになった。ペンキ絵の打ち合わせと、複数のイメージ図制作と、ペンキ絵実制作と、アルバイトの間にギャラリーをめぐり原稿を書き編集業をしていく時間を確保できなくなったのだ。またペンキ絵を描く中で、私は自分が評をするより評されることが必要だとも思い、批評の仕事からは一度離れることにしたのだった。自分が自分に対して客観的であろうと思っても、限界はある。表現をするなら、絶対的に他者からの評を受けねばならない。

しかし現在もご依頼をいただき短い文章を書く機会があり、批評を含めて書く仕事の経験が役立っているのかもしれない。

そんな風に働く中で、会社員やアルバイト、ライターの方の苦労を想像することができるようになったことが、もしかすると一番重要な学びだったのか。自由業には自由業の苦労があるが、会社員には会社員の苦労がある。もちろん、子供にも主婦にも苦労がある。働いていなくとも、辛いこともある。いくつかの苦労を体感することができたことは本当に大きな経験だった。その経験があると、色々な立場の方のことを想像することができるようになる。会社員経験があったことで得られたものはとても大きかったはずだ。

6．両親

取材を受けていると、銭湯のペンキ絵を描く仕事に就く際に親からの反対は無かったかと聞かれることが多い。苦労話を聞きたいのだろうか。確かに、親としては男性しかいない職種で、病弱な娘が汗みどろになりながら体力仕事をできるのかと不安だったろう。

しかし、両親からは銭湯のペンキ絵師を目指すことに関して反対されることは無かった。とはいえ、心配はしてくれていた。作業をしていると小さな怪我をすることもあるし、手にかかった溶剤のケアが甘く火傷を負ったこともある。その度に、気をつけなさいと注意をしつつ見守ってくれてきた。

むしろ、反対されたのは大学時代に卒業論文で銭湯のペンキ絵について調べることを決めた際だ。父親から「もっとアカデミックな美術の基礎的なものを研究したほうが後に視野が広がるのでは」と言われた。自分としては銭湯のペンキ絵について調べることも、絵画が誰のために描かれ、どのような理由でモチーフが決定していくかという美術史的な視点から研究をしようと考えていた。そういった話をすると、次第に理解を得られるようになった。

私の家では、とにかく論理的な説明が求められた。もちろん叱られることは多々あったが、一般的な常識を外れることであっても論理的な説明ができれば認められる。例えば、成人式に出ないという選択も全く問われることがなかった。私は成人式の日に予定は無かったが、式典に参加していない。成人式、色々と面倒くさいのだ。数カ月前から振袖の購入やレンタルを促すものが毎日のように届くのである。ふと、振袖着用の式典はいつ頃から続いているのだろうかと疑問を持った。母親はどうしたのか聞いてみると、世の中では学生運動がさかんで呑気に式典に参加するような雰囲気ではなかったと言う。調べてみると各地域や家庭で習わしがあり、大々的な式典を行うといった慣習はそれ程長い歴史を持つものではないことがすぐにわかった。

その歴史を踏まえた上で、大人と認められる成人式の日に、人生で一回もお会いしたことがない我が区の区長の話を聞きに出かけるべきなのだろうかと迷った。もちろん、区長も立派な方ではあるのだろうが、個人的にはむしろ、幼少の頃から尊敬していた人の話を聞きにうかがったり、今まで育ててくれた親に感謝したりするほうが自分らしい大人へのなり方のように思えた。

結局、式典の昼は家族皆でご飯を食べに行ったことを覚えている。自分の貯金からご馳走をすべきだろうと用意していたら、「この日は世界的にも歴史的にも新成人が成人したことを祝われる日だから」と両親がご馳走してくれたので何やら照れ臭かった。なお、母方の祖母だけは「振袖を着ないと、見合いの写真が撮れないのでは」と心配してくれていたようだ。母は「時代ねぇ」と爆笑していた。余談だが、近年ではよく成人式で暴れる若者がテレビのニュース番組などをにぎわせている。着る服をしっかりと時間をかけて用意し、公の成人式式典に参加している様子を見ると、自分よりよっぽど真面目で計画性があり、多くの人と行動を共にできる一面をお持ちなのではと思う。

同様の展開があり、卒業式にも私は袴を着ていない。昨今、卒業式前には夥しい数の

「卒業式の際に着る袴」の広告が送られてくるのだ。確かに例年の卒業式の様子を見ると袴姿の方が多い。しかし卒業式の歴史を調べると成人式と同様、時代によって様々な変化があることがすぐにわかる。そんなわけで、ワンピースを着て参加した。これも反対はされず、理屈が認められれば問題ないということを実感したのだった。

また、両親からは「媚びるな」と教えられてきた。媚びないで生きていると、認めてくれる人と遠ざかる人とが出てくる。その人の人柄がわかることは大変ありがたかったが、むしろ媚びないことで気を使うようになってしまったようにも思う。媚びずとも、いかに人を傷つけずに発言ができるかを考えてしまうのだ。もっと強かに、媚びるフリをして上手く生きていく人生もあるだろうと思えたが、理屈が好きで不器用な自分には合った姿勢だったのかもしれない。苦労はするが、自分が信じるものを曲げずに生きてくることができた。とはいえ、世の中には理屈だけではない部分があるのも事実だし、理屈に囚われ過ぎて頑固になる自分も自覚しているので、少しずつ改善していかねばならないことも多い。親の教えが何だったのか、今一度確認していく必要があるだろう。

なお、私の家には父の仕事関係の資料が文字通り山のように積まれていたため、私も本や資料などを綺麗に片づけるということができずに育ってしまった（自分の中ではしっかりと区分されているのだが）。また、人と仲良くすることを強いられずに生きてきてしまったこと（母は「考え方がどうしても違う人もいるから、全ての人と仲良くなる必要はない」という感覚の持ち主だった）などもあり、友人は少ない。良いのか悪いのか少々独特な教育の面もあったように思う。とはいえ、色々な親から色々な子が育つわけで、世の中には色々な人がいて面白いからよいのかもしれない。

改めて今思うとありがたかったのは、父が旅をさせてくれたことだ。小学生から中学生までは夏休みに避暑地で山に登ったり観光地に行ったり、現地の美術館を訪れたりと一般的な旅行だったが、高校生からは明確な目的のある旅だった。全て、美術のイベントと美術館を訪れるための旅だ。ベネチアア・ビエンナーレを観にイタリアへ向かったり、クリスト&ジャンヌ＝クロードのセントラルパークでのプロジェクトを観にＮＹへ向かったり、現地の有名美術館での展示を観るために台湾に行かせてくれたり、様々な旅があった。ここで世界の美術界ではどのようなことが行われ、世界各地から美術のために人が集まるのだと実感できたことは大きな経験になった。ルーブル美術館で壁が名画で埋められている物量にショックを受けたり、作品のコンセプトを重視するのは当たり前でキュレーターが作品紹介というよりはコラボレーションのような姿勢で独創的な新しい観点を提示してくるプロジェクトに圧倒されたり、新しい美術館が建ったことで街の経済や雰囲気が良くなったと現地の人から聞いたり、なるほどこれが世界に知れ渡る美術がもたらすものなのだなと学ぶことは多かった。

美術に関係の無いことだが、海外では人種差別を受けることもあるし（逆に、「遠くから来てくれたんだね」とか「日本の美術を知っているよ」と優しく迎えてくださる人もいてありがたかった）、安宿でフロントスタッフから「後ろにいる男は泥棒だから気をつけて！」とささやかれて家族で怯えたこともあったし（その男は気まずそうな顔をして外へ逃げていった）、片言であっても自分の意見を述べなければいないものと見なされもするし、日本にいるより少しタフにもなる。

7. 1型糖尿病のこと

持病については公にせずに過ごしてきており、ずっと書かないでいようかとも思っていた。しかし、自分のことを語る際に書かないのも変である。仕事を辞めるか悩んだ際にも、持病のことを考えた。

私は、1型糖尿病という持病を持っている。ここで書くことが、同じ病を持つ方や、そのご家族、そして学校や職場、あるいは街中で1型糖尿病の人物と偶然出会う方の参考になればありがたい。

私の場合は小学校三年生の頃に発病した。「糖尿病」と聞くと成人病のように思う方も多いかもしれないが、それは「2型」と分類されるものだ。実は、暴飲暴食をせずとも原因不明のまま糖尿病を発症することがある。1型糖尿病はそういう始まり方をする。免疫力が弱ったはずみなのか、遺伝なのか、発症の理由はまだ判明していないのだが、他の人に病が伝染するといったこともなく基本的には日常生活を送ることができる。数万人に一人という確率で発症するそうだ。

血糖値を下げるインスリンが分泌されなくなる病である。そのため、決まった時間に一日に数回、血糖値を測定し食事制限とインスリンの自己注射で血糖値の管理をする。高血糖が慢性化すると目や足などに合併症が出ることがあるので注意が必要だ。しかし面倒なのが、血糖値が低すぎても良くないという点である。低血糖と言い、初期症状では手足の震えや激しい動悸、頭痛などがある。進行すると、脳に糖分が届かないせいで支離滅裂の行動を取ったり意識を失ったりすることもある。そうなる前に、低血糖だとわかったらすぐに糖分を取って血糖値を上げるのだ。糖分を口に入れられれば良く、その中でもブドウ糖のラムネなどは一番回復が早い。自動販売機から何か選ぶ際は、加糖のコーヒー飲料か乳酸飲料系の飲み物が糖分を沢山含んでいて良い（つまり、ダイエットをしている方には多飲はお勧めしかねる飲料でもある）。それでも、しばらく待っても低血糖が回復せず意識が遠くなっていく様子の場合は、どうか救急車を呼んでいただきたい。

この低血糖が曲者で、病気の年数が長くなるほど自分では低血糖に気づきにくくなるのだ。私も夫や母、友人に気づいてもらい砂糖を食べることが大人になってから増えている。初めは体中が震えるのではというほどの動悸を感じていたのに、今では「やたらと眠い…」とうたた寝をしているうちに低血糖になっている。気づかないうちに低血糖になっているのは恐怖だ。そんなわけで、もし周りに1型糖尿病の患者がいて、急に動きや喋り方がおかしくなり血糖値を測ることができない場合は、試しに甘いものを摂らせてみてほしい。

なお、よく「ダイエットが辛い」といった話を聞くが、個人的な経験では「食べない」ことはある程度までは我慢できる。それよりも「食べたくないのに無理やり食べさせられる」ほうが辛い。子供の頃、吐き気で寝込んでいる時に低血糖になると、何か食べさせねば意識を失ってしまうかもしれないと砂糖やジュース、ゼリーなどを口の中にねじ込まれた。母だって、そんなことはしたくなかっただろう。けれど、吐きそうな状況でのそれは、なかなかの地獄である。低血糖から意識が戻ると、強烈な頭痛とさらに強い吐き気に襲われた。そんな経験をしていると、ダイエット云々はあまり苦ではなくなる。とは言いつつ、よく動く日は血糖値も下がるのでよく食べるし、限られた中で甘いものを食べることも幸せではあるのだが。むしろ栄養のバランスを考えた食事を摂らねばならないため、我慢を強いられているというよりはお腹一杯食べている感覚もある。

こういう持病とともに暮らしてきた。小学校から高校まではクラス全員に病気のことを話し、大学生からは近しい友人にのみ伝えてきた。小さな頃は好奇の目で見られることが嫌だった。私がこの持病について書くことを迷ったのは、「可哀想」と哀れまれたり、「努力して頑張っている」といった感動を押し売りしてくる視線にさらされたりしたくないからだった。誰だって体調に個性はあるし、持病でなくとも面倒なことはあるだろう。若い頃は特に何か言われることが嫌だった。今もし病気について何か否定的なことを言われても、想像力の無い人なのだなとしか思わない位に捻くれてしまったが。

現在、仕事の依頼を継続的にいただけていることで、持病があろうとも関係なく仕事ができることを証明可能だと思ったことも、ここで書いた理由だ。今後も取材の際にこのことについて「病気の苦労話を話してください」等と問われても話すことはない。断言をしておきたい。自分の病のことは少し面倒だとは思うが、慣れてしまえば大変という程のものでは無いのだ。目が悪くて眼鏡をかけるようなものだと思っている。不便に感じる瞬間はあるが、工夫し対応すれば問題なく暮らしていける。

　ただ、この病気になると、宇宙飛行士や客室乗務員は血糖値の管理が難しいため向いていないらしい。私自身は素晴らしい主治医とめぐり会え、「工夫すれば、何でもできないことはない」と言われてきた。だから、本当は可能なはずである。しかし、そもそも病気の有無にかかわらず、自分にはな

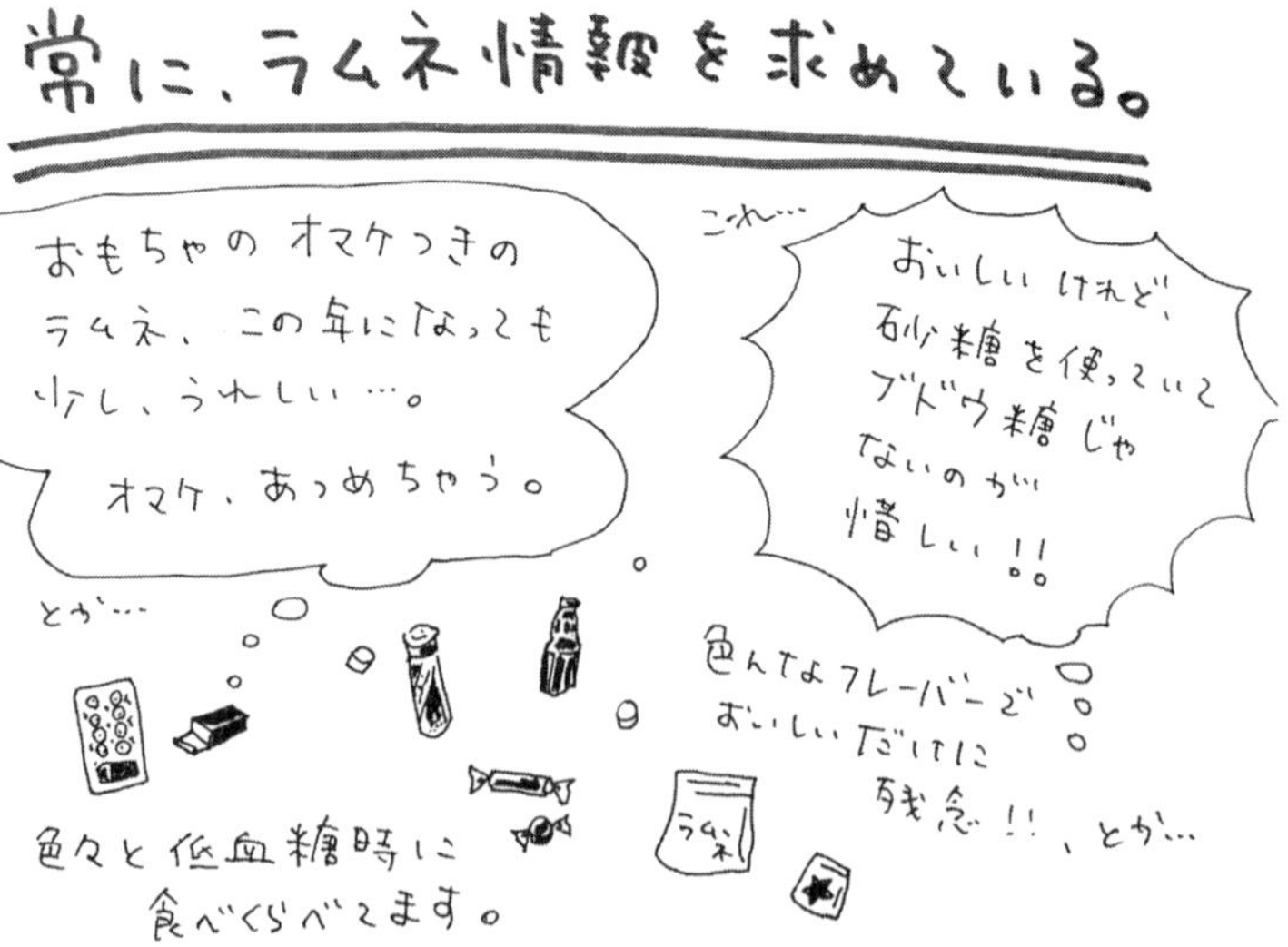
常に、ラムネ情報を求めている。
おもちゃのオマケつきのラムネ、この年になっても少し、うれしい…。
オマケ、あつめちゃう。
とか…
これ…
おいしいけれど、砂糖を使っていてブドウ糖じゃないのが惜しい!!
色んなフレーバーでおいしいだけに残念!!、とか…
ラムネ
色々と低血糖時に食べくらべてます。

れなかっただろう。とはいえ、私も、持病があるということで将来について考えた。小さい頃からこの病のせいもあり、「どうすれば健康を保ちつつ働いて夢を叶えられるか」ということを考えていたようにも思う。体調管理を人一倍しながら、あと何年位は仕事ができそうか、そして健康体でいられるのか否か、様々な状況に従って予定を組むということをしてきた。なお、寿命が短くなる病ではないので、もはや病というより相方のような存在でもある。

今も仕事をする毎日だ。仕事の際は血糖値が恐ろしく下がるのでどんどん食べる。その位に激しく動いているのだなと数字として把握できるので面白くもある。そして定期的に休憩を取り体調を管理していく。学生時代には集団行動故に決まった時間に血糖値を測ったり注射を打ったりするのが難しい時もあった。しかし難しいなりにせねばならない。スケジュールを把握し考えていけば隙はいつでもあるものだ。そういった経験を不合理だと感じていたが、実は大人になると役立つ経験だったのだと思うようになった。

病を持つ人が、人生を悲観せずに様々なことに挑戦していける環境があることを願う。

湯煙コラム④

今井湯

今井湯には、男湯と女湯へ一枚ずつ絵があるほかに、もう一枚浴槽の反対側に絵がある。

三枚の絵がある銭湯は珍しく、どのような絵にするか悩んだが、浴室でくるりと回ると全ての絵が見えるので、一日の時間の流れを三枚の絵で描くことにした。

ご主人からは、地元の多摩川の絵とお母様の故郷の石川県の風景を描いてほしいとのご要望。昼の見附島、夜の多摩川、そして朝日を浴びる富士山を描いてみた。現在、一枚は違う絵になっており、今後の変化もぜひご覧いただきたい。

●住所：川崎市中原区今井南町34の25
電話番号：〇四四ー七二二ー五一三六

湯煙コラム⑤

天然温泉 浅草

湯どんぶり栄湯

この銭湯にも絵が三枚ある。やはり、男湯と女湯にそれぞれ一枚ずつと、男湯の女湯の境界、天井近くにもう一枚だ。馴染み深い北斎の浮世絵を男湯と女湯に、男女境目の天井近くには、富士山。

銭湯の真正面からスカイツリーが見えるロケーションを意識して、北斎の作品の中でもスカイツリーのような櫓がある風景を描いた。松をたくさん描いているのは、代々の店主の名前に松がつくからという理由がある。

下町の活気ある銭湯だ。

●住所：台東区日本堤1の4の5
HP：http://sakaeyu.com/

8.「好きなことを仕事にする」とは

持病のことを書いてきたが、仕事を選ぶ際、人はどんな条件を持っているのだろうか。好きなことを仕事にしたいという人は多いだろう。取材を受けていると「幼い頃から絵を描くことが好きだったのなら、夢が叶ったのですね？」と言われることがある。確かにこの仕事は好きだ。しかしデッサンについて書いた際にも触れたが、絵を描くよりも芸術作品や映画を観たりするほうが得意な可能性もある。

ただ、描くことはやめられなかった。確かに好きではあるのだが、それだけだ。はっきり言うが、私は自分好みの絵を描いているわけではない。そもそも、注文をいただいて描くのだ。自由人が趣味で描くそれとは少し違う。

銭湯ペンキ絵に関して言えば、仕事なので思ってもいなかったモチーフを注文されることもあるし、意図せぬ状況で描かねばならないこともある。コンディションの悪い壁に描く際は壁のメンテナンスから始めるため体も疲れ、制作後はヘトヘトだ。ではなぜ描くかと言われると、面白いからだと思う。

世の中の人を見ていると「好きなことを仕事にできれば幸せ」といった幻想を持つ人が多いように思えるが、好きなことをして自分の思う通りに世の中が動いてしまう時のことを想像したことがあるのだろうか。期待通りの世界では恐らく、問いは生まれないだろう。自己満足のみが何年も積み重なった時、それはそれで地獄だ。実は好きか否かよりも、興味を持って問いを持てる仕事は面白く感じられる。この姿勢が仕事を続けていくには重要な気がする。面白い仕事をすべきだ。この「面白い」は、楽しさではない。しばらく誰にも会いたくない程落ち込んだり、もがいて苦労したりするけれども、問いを持って取り組んでいけるか否かということだ。

もちろん、好きなことを否定するわけではない。けれど、ときどき「好きなことのためにこんなに頑張っているのに、世の中に認められない」という人に出会うことがある。そういった人の話を聞くたびに、私は小説家のフランツ・カフカを思い出してしまう。カフカは、保険会社の社員を続けながら小説を書き続けた。裕福な家の子ではあったが、大学生の頃に当初は哲学専攻を希望しながら将来の職について考え化学を専攻し、後に法学へと変更したという。文科系の青年が「文科系に興味はあるけれど、実際、自分の将来のことを考えるとどうなるのか不安」と悩むあの悶々とした問いを彼も持っていたのだ。後に体を壊して会社を変えたりするなど様々なことはあったが、若い頃の生活は会社員として働く給料で賄っていたはずだ。その中で、あの独特な世界観の小説を書き続けた。その小説が、時

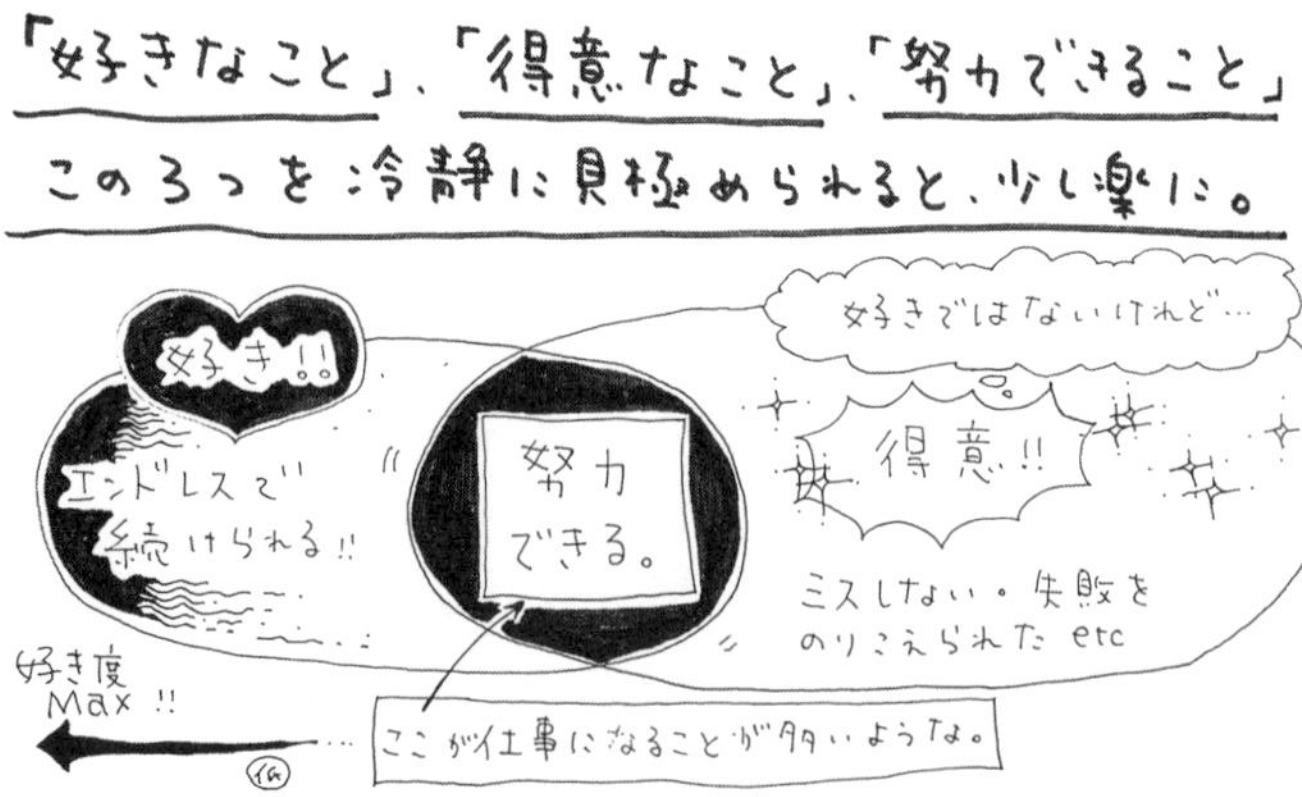
「好きなこと」、「得意なこと」、「努力できること」
この3つを冷静に見極められると、少し楽に。
好き!!
エンドレスで続けられる!!
努力できる。
好きではないけれど…
得意!!
ミスしない・失敗をのりこえられた etc
好き度 Max!!
ここが仕事になることが多いような。

代も距離も遙かに離れた日本でも読み続けられている。そういう人生もあるということを、頭の片隅に置いてほしい。

私はカフカの人生が好きだ。好きなことをして認められることは大切なのだが、認められることを「目的」にしたら終わりだと思う。認められることは好きなことをするための手段に過ぎず、その先にその上で何をし続けるのかということが一番重要なのだ。好きなことをやり続ける生き方は、ものすごく面白いけれど辛いことでもあるのではないかと思っている。「好きなことは、楽しいからやりたい」と楽しさのみを求める人には仕事にすることはお勧めしかねる。あえて趣味にするという人生の選択肢もあり得るはずだ。

このように色々と書いたが、私自身にも承認欲求があることは否定できない。依頼主が完成した絵を観た際に笑顔になったり、絵を観たお客さんが話題にしてくださったりといったことがないと、悩みもする。そこから問いていくので面白くもなるのだが。もがくしかない。

9. 夫について

夫のことを、書いておきたいと思う。夫は便利屋を営んでいる。「便利屋こまむら」という屋号だ。ペンキ絵制作の際には、制作用の足場を事前に車に積み、当日運転してくれ、制作を手伝い、傷んだ壁を直し、必要な道具を手作りで用意してくれる。彼がいなければ、私は銭湯ペンキ絵制作を続けてこられなかっただろう。

私は結婚についてブログでも書かず（後にしれっと「夫」としてブログに登場させた）、現在もメディアに出る際は旧姓を使っている。自分のキャリアを名前が変わることであやふやにしたくなかったし、誰も私のプライベートに興味はないだろうと自覚してのことだった。しかし、彼がいなければ自分は仕事ができていないと思うから、ここでは駒村と私のことを書いておきたい。

夫とは、吉祥寺の銭湯で開かれていた「風呂ロック」という音楽イベントで出会った。二人ともスタッフとして参加していたのである。イベントに参加した当初、私は大学院生であったと記憶している。

風呂ロックは二〇〇五年から一一年にかけ、銭湯でライブが開かれるイベントだった。出演者が大変豪華で、今野英明、PJ＋BAND、知久寿焼、曽我部恵一、峯田和伸、向井秀徳、朝崎郁恵、遠藤賢司、吉野寿、大友良英、高田漣、蔡忠浩、うつみようこ、トクマルシューゴ、ASA-CHANG＆巡礼、向井秀徳アコースティック＆エレクトリック、タテタカコ、前野健太、ジム・オルーク、星野源、後藤まりこ、田渕ひさ子、七尾旅人、KICELL、大槻ケンヂ、YO-KING、上原子友康、吉村秀樹、有馬和樹と牛尾健太、ミドリカワ書房、オニ、トンチ、原田郁子、湯川潮音、鴨田潤、Predawn、橋本・F・高橋、桜井秀俊、ストレイテナー、ソウル・フラワー・アコースティック・パルチザン、斉藤和義、UA、いわき兄弟、ASA-CHANG+ハッピータブラボンゴ会社、くるり…といった方々が出ていた（敬称略）。

私は新聞でこのイベントを知り、初期の頃に数回ライブを観に行った。そして主催者に銭湯との関わり方を学びたいとお話し、ボランティアスタッフに誘っていただいたのであった。イベントは次第に爆発的な人気となり（出ている方を見れば当然なのだが）、銭湯という場が熱狂の舞台になることに驚かされる毎日だった。青春だったなぁと思う。その後も銭湯で多々イベントはあるが、あの熱狂の時間を私は忘れられない。

出会った当時、夫は痩せていた。彼が便利屋を始めた頃である。「あの頃は、ひもじい時もあった」と後になって聞いた。ＳＥとして会社勤めをしていたが、出向元の社長に搾取されていると感じ、若いうちは身体を使う仕事に就くのが良かろうとの考えに至ったらしい。会社勤めを辞め、工事現場などで金属の足場を組み立てる鳶職に就いた。その後、独立しようとしたところ資金が足りなかったために便利屋を始めたという。なかなか思い切った人生だ。しかし、現状に疑問を持つ度に自分がどのように生きていくべきかを考えて向き合ってきた様子がうかがえる。そういう男だ。

数年間はイベント時に挨拶と仕事内容の確認で二言三言喋るくらいの薄い知人関係であった。そもそも、彼は自分よりも六歳年上で、二十代前半だった自分には少し大人に見えていた。また、饒舌に語るタイプでもない。話すきっかけが無かったのである。しかし、ふとしたきっかけにクスリと笑わせる冗談を言って雰囲気を穏やかにする人だった。誰も傷つけずに場をなごませる冗談を言う様子から、優しい人なのだなと思った。

良い人だなぁと思いながらも深く話すこともないまま、何も気にしないで過ごしていたある日のことである。当時お世話になっていた方が、知人の木工職人が手作りの家を造っていてイベントを行うから、皆で手伝いにいこうと誘ってくださった。人様のお家を造るという現場に素人が行ってよいのか迷った自分は、工事現場に熟知している人間が身近にいることに気づき、声をかけてみた。それが、今の夫である。初めて三言以上喋るようになったきっかけだったと思う。

当日朝、彼は待ち合わせの現場最寄り駅に車で現れた。駅から現場まで車で送ってくれるという。恐縮しつつ乗り込んだ車は、真夏でありながらクーラーが壊れ、窓を全開にして走る軽トラであった。髪は風で乱れまくり、目に入るゴミでずっと涙をこらえていた。時々エンジンの調子を見て止まることもある。しかし、人生で初めて軽トラに乗り、何とも身軽な生き方だなと思った。お世話になった方がくださった軽トラなのだと話してくれた。クーラーこそ壊れていたが、開いた窓から街の音や風が流れ込んできて気持ちが良かった。
話の中で駒村が現場帰りによく銭湯に行くと聞き、銭湯に誘うようになったことから付き合いが始まった。

数年後、私の父が病に倒れた際、私は両親を見て「夫婦」という存在は人生の助けになるかもしれないと思うようになった。そして、初めて結婚を意識した。

婚約が決まり、引っ越しを考えようと荷物の確認をしに駒村の家に行って驚いたことがある。彼は、八王子の月二万五千円の1Kのアパートに暮らしていて、小綺麗な生活ではないことは容易に想像できてい

つきあいたての頃…
新宿の喫茶店で
2700円のコーヒー!? じゃあ、それ下さい!!
どんな味なんだろう〜‼
デートは仕事帰りのため、90%作業着
駒
menu
夕飯、立ちぐいソバだったのに!?
えっ
いっっっちばん高いコーヒーを頼みます??
カウンター席にて。
「好奇心の人なのだな。」と悟る。

た。部屋に行くと、荷物の山の中に煎餅布団が埋もれていた。そして、壁にこぶし大の穴が空いていたのだった。気づいたら穴が空いていたという。隣人が暮らす音も聞こえる。その開放的な部屋の真ん中に、荷物の山と万年床の煎餅布団が一つ。確保されていたのは、大人一人が横になると寝返りさえ打てない細長いスペースである。もちろんだが冷暖房は無い。空調どころか、時にはガスが止まり、冬でも冷水のみしか使えないという状況だった。朝には水で体を洗って気合いを入れているという。謎の修業状態である。もう少しお金を出せば、せめて壁に穴の無い部屋はあるのではと問うたところ、「仕事から帰って寝るだけだから、気になったことは無いなぁ」と笑われた。実際、ガス代などのお金は持っていながら、払いに行く時間がないようだった。

　正直に言うと、この状況を受け入れている男性と結婚して、暮らしていけるのだろうかと不安になった。しかし、いつもニコニコと笑い、不満を言ったことがなかった彼の姿を思い出し、素直にすごいと思った。強い。強すぎる。確かに彼が何かご褒美のようなものを求めている姿を見たことがなかった。私なんかは自分に甘いところがあるので、「大きな仕事が終わったから久々にゆっくりと美味しいものが食べたい」とか「今日は大変だったからコンビニで好きなお菓子買っちゃおうかな」なんて思ったりしてしまうのだが、そういうことが無いのだ。もちろん、彼も美味しいものは好きだが、好奇心のほうが強いように思う。仕事で大変な状況でも、怒ったり卑屈になったりめげたりといったことも無かった。彼の笑顔のみを知る人間にはわからないだろうが、彼は自分にとって何が大切かを知り尽くしている辛抱強い男なのである。なら、こういう部屋でも何とかなるかな、と思ったのだった。

もっとすごいのは、この環境の中で彼の元で働く若者が居候を始めたことである。成人男性二人が寝るスペースはないので、とりあえず足場材で二段ベッドをこしらえて暮らしていた。居候の若者も、探せばもう少し良い部屋に住む友人もいるだろうに…。若者に同情したが、彼の元には色々な人間が集まってきてとても面白かった。落語のような生活である。あの薄暗い小屋感が良かったのかもしれない。後に、つげ義春の漫画『無能の人』を貸したら「主人公の気持ちがすごくよくわかる…」と言っていて、妙に腑に落ちた。家族がいる貧しい男が山の中に自分専用の小屋を造り、一人ぼうっと山の風景を眺める話である。

その部屋には結婚してからしばらく一緒に暮らした。結婚後の住処を探したもののなかなか決められず、私は入籍後半年ほど、実家と駒村の部屋とを行き来して暮らしていたのだ。彼の部屋の居候の若者は、同じアパートの二つ隣の部屋が空き、引っ越していた。一応、新婚二人の新居となったアパートの一室。台所に彼の荷物を積み上げているから食事も用意できずに、布団の上の携帯ガスコンロで沸かした鍋を段ボールの机で食べた。とにかく、貧しかった。昭和のドラマみたいだなぁと思ったが、問題はそれが現実だったことである。

　貧しかったが、貧しさを気にする暇もなく目の前の仕事を誠実にこなしていく駒村の姿は心強く感じられた。よく笑った。不安が無かったのがすごい。むしろ、この不況の時代に生きていくことを考えると、彼が頼もしかった。生活を心配されるだろうと親には秘密にしていたが、あの時間があったことは自分にとっては貴重な体験だったと思う。早朝に部屋を出ると、アパート横を流れる川の先に真っ白い富士山が見えて綺麗だった。

　そして、安心して暮らすためのお金の必要さも実感した。なお、この状況に耐えて暮らしている彼は何か苦労をする生い立ちなのだろうかとドキドキしていたのだが、結婚が決まりご両親にお会いする機会がやってきた。お家へうかがうと、先代からのお家は我が家なんかよりも広く、綺麗に片付き、ご両親も真っ当で優しい方々だった。父上は他県からもお客さんが来る整体師をなさっており、堅実に仕事をされつつ冗談好きな明るいところが夫に似ていた。母上は皆に優しいながらも夫には愛情のある小言でしつけをなさっていて、夫がしっかりと育てられてきた人なのだなとわかったのだった。彼の精神的強度がどこからきているのか、やっと納得できた気がした。

そんなアパートも、しばらくして引っ越すことになった。そもそも彼も毎日ご依頼をいただき真面目に働いているのだ。実は私も結婚前にアルバイトで貯金をしていたために選択肢は持っていたのだった。その後の引っ越し先は、しっかり壁もあり、エアコンまである新しいアパートだった。二回程引っ越しをし、少しずつ広い家になっていった。そして、今も駒村と暮らしている毎日にワクワクしている。

湯煙コラム⑥

三筋湯

昔ながらの寺社風建築、番台、高い天井の脱衣所、縁側の綺麗な庭。趣のある和風建築に惚れ惚れする。お掃除された床はいつも、ピカピカだ。そして、この銭湯の男湯は浴室壁面の一部が水槽のようになっており、庭の池の金魚が悠々と泳ぐ様子を観ながら入浴できる。素晴らしい。

ここ数年、毎年のように絵を描かせていただいている。当初は様々な実験をしていたが、やはり定番の銭湯ペンキ絵がよく似合う。今回、銭湯のペンキ絵らしいペンキ絵を描いたところ、店主が見せてくださった笑顔が粋だった。

●住所：東京都台東区三筋2の13の2
電話番号：〇三ー三八五一ー二六八三

10.『女性』ペンキ絵師」という肩書

夫との結婚当初のことを書いたが、そもそも、こうして大して儲かるわけでもない銭湯のペンキ絵制作を仕事にできているのは、私が一昔前のような「一家の主である夫が嫁や子供を食わせていかねばならん」という時代の男性では無かったからかもしれない。現在、様々な伝統工芸で女性の職人が増えてきているのは良いが、低収入で時間を自由に使えるのが独身女性だったという理由も少なからずあるのではないか。私が子供の頃にバブルは弾けた。三十年前に比べれば、何もかもが貧しくなったように思う。金銭的理由で共働きをしている知人も多い。とはいえ、金銭面だけが問題でもないだろう。

世界的にはジェンダーギャップが一二一位（二〇一九年現在）という恐ろしい低レベル

ではあるが、つま先立ちで進んだり休んだりする程度には日本の女性が社会進出しつつある可能性も、完全に否定しきることは…できないと認めざるを…得ないのかも…しれない、のだろうか。

我が家は生活費は半分ずつ出し、時には夫にお金を借すこともある。「二人の稼ぎがあれば、まぁ大丈夫」という生活だ。現状でのペンキ絵制作は、物凄く儲かる仕事ではない。先達も、絵師は季節によって別業を持っていた方もいらっしゃる。そんな中で、経済的には、結婚をして良かったように思う。「結婚はコスパが悪い」「貧しくて結婚できない」という人もいらっしゃることは重々承知している。しかし、好きな人が幸せにしているか、どのような毎日を暮らしているかについて電話でもメールでも一緒に出掛けるでもなく共に暮らすことで知ることができるし（この時点でコスパが良い）、二人で暮らせば生活費も一人当たりの負担は割安になるし、二人で稼ぐこともできる。なお、この思考をしている時、私は自分が女であるということは意識していない。夫に経済的な負い目が無いからだろう。

しかし世の中で働いている際には、女性であることを意識させられることもある。若い頃には気にしていなかったのだが、どうやら自分は「女性」とカテゴライズされるようだ。そのせいで面倒に感じる事態に直面することもある。「男」と「女」に性差や文字以外の何か違いがあるのか、二十代の頃にはわからなかった。しかし気づいてしまうと、女として生きていくのは誠に面倒くさい。

思い返してみると、十代や二十代の頃には言語化こそできなかったが、違和感は持っていた。幼少期に「ごっこ遊び」でヒロインではなくヒーローをやろうとすると男子がハテという顔をしていたこと、ピンク色と青色の物があると女の子にはピンク色が渡されること、小学校では名簿順でなぜか男子の名前が先に記されていることなど、「あれ？」と思いながらも忘れてしまっていた。しかし、ある時、明確に性別を意識したことがあった。思春期の頃、学校で先生から「お前が男だったらなぁ」と言われた時だ。先生から学内の選挙に立候補したらどうかと勧められた際に言われた言葉だ。

学生時代、私は本当に真面目な学生だった。破りたい校則があると、「自分はその校則のコンセプトは変だと思う」と先生に議論をふっかけるくらいに真面目だった。面倒くさい子供だったろうと思う。気の利く子だったら、おそらく怒られない程度にやんわりと校則を逸脱していただろう。先生は本当に良い教師で、嫌な顔をせずに学校としての主張を伝えてフェアに議論してくださる方だった。その人が、自分に「男だったらなぁ」と褒めたたえる口調で言ったことを、私は忘れることができない。悪気は何もなく、先生なりのお褒めの言葉であったことはすぐにわかった。しかし、それが問題なのだ。当時、「何時代だよ。ゴチャゴチャ言ってないで私についてこい」とは言えなかった。越えられない認識は無意識の中にいつもある。世の中の娘たちがこういう違和感を持たずに生きていけたら良い。

「違和感」は現在も続く。新聞や雑誌、TVなどのメディアで紹介される際に「女性絵師」という肩書きで紹介される時だ。男性の絵師に「男性絵師」という名称がついている報道は、見たことが無い。何故わざわざ性別を書き込まれるのか。なお、前もって確認ができる時は基本的にはこの表現を避けてもらう。

とはいえ、今まで男性がやってきた仕事であることを鑑みて、メディアの方が女性であることを強調する心理はわかる。だから、現状では長い時代の先に「女性絵師」などと性別を書き込まれることなく、当たり前のように「絵師」と書かれる時代が来ることを目標にしつつ実績を積み上げていくしかないのかと思う。「女性」と書かれることで、世の中の人に「女性もこういった仕事ができるのだな」と認知していただけるきっかけになるのであれば、現状としては仕方ないのかと。本当の希望とは違うけれど「現状」で何をすべきかを唸りながら考える。こういったモヤモヤが後に報われればありがたい。

　しかし現状では、「女性絵師」と書かれると面倒なことも多い。絵を「女性の描く絵」として評される状況が面倒なのである。女性という言葉に気をとられてしまった人は、「女性らしい、明るく優しい色彩と画風」「細やか」などと評してくる。明るく優しいタッチで細やかな絵を描く男性画家が世に沢山存在してい

世の中的に、どんな「女性」絵師なら
納得するというのだろうか…？
ハケより重いものなんて持てないっ！
得意料理は肉じゃがなんですッ
お花とパステル大好き!!
ドジっ子なんです。ウフフ
こんな感じ？？…なれなかったなぁ。

ることは知っているだろうに。誰が描いたのかわからない状態で見たお客さんが男性の絵だと思っていたということも実際にあったので、固定観念というものは無意識のうちに蔓延っているのだなぁとがっかりする。女性でも「明るく優しい」色を絵に使わない人もいるだろう。当たり前のことだ。

当たり前のことなのだが、意外に世の中にはその当たり前が認識されていないのだと思う。そもそも、色合いなども事前に依頼者とイメージ図などを通じて相談しているので、もはや自分の好みといったものでも無いというのが事実だ。

また、メディアの取材を受ける際に「女性に失礼なのですが、年齢をうかがってよいですか」と聞かれることがあるのも、モヤモヤしている。私は、誕生日の情報などはなるべく伏せるようにしているのだが、年齢は公開している。それは、自分が美術史を学んでいた際に芸術家が何歳の頃にどのような仕事をしてきたかを知り、その生涯と作品制作の関係を考えてきたからなのだ。これから絵師になる人たちが、先達がどの位の年齢で何をしてきたかを知ることができる状況には意味があると思う。

しかし、日本には「女は若いほうが良い」とか「女性は年齢を明らかにすべきではない」という謎の習慣がある。これは悪癖だと思っている。同じように、メディアに顔が出ると美醜でゴチャゴチャと言ってくる人もいるのだが、これも面倒くさい。私は夫以外の誰にも性的に好まれたくはない。だから、他の人たちにどう思われようとどうでもいい。数年前、若い女性が一時、先輩ペンキ絵師に弟子入りしていた。その方がモデルをしている「美人絵師」だったため、私は「美人でない方の絵師」となってしまったのだった。何てこった。絵を観てくれ。ありがたいことに、自分は母親から「人の顔は整っているか否かではなく、良い表情をするかどうかが大切」と教え込まれていたので、今後も美醜よりも良い表情ができる状況であるかに注意を払っていきたいと思う。

また、女性だというだけで不可解な体の心配をされる。広告など細かい描き込みをする絵の制作の際に時間をかける案件もあったが、「女性がこんなに遅くまで、体力は大丈夫ですか」などと聞かれたりする。そんな質問をする位なら、先に寝ていてくれればいいのになぁと思う。徹夜してでも仕事は完成させてきたし、もし予算があって時間を貰えるのであれば夜は寝て翌日描きたい。それは、男性でも同じはずだ。

そう問うてくれる方も、決して「アイツのことを差別してやる！」等という意識からの言葉ではなく、労りの気持ちから聞いてくださっていることは理解している。女性のほうが体力は無いという一般論からくる優しさの問いであるのだ。そのことがわかる分、モヤモヤが増す。確かに、私も体力は無い。しかし、体力が無くとも描ける方法を修業と制作の中で培い、気合いで仕事として受けられるようにしてきたので安心していただきたい。

そして、女性であると、出産のことなども考えなければならない。ペンキを使う仕事は、溶剤の悪影響などもあり、妊娠中は仕事ができない。スケジュールをどう調整するのか、年齢のことを考えたりもする。また、現状の日本の制度では出産をすることへの負担も多い。これは最早、女性だけの問題では無いのだが。とにかく、悩ましいことが本当に多い。

学生の頃は、男女は平等だと思っていたし、女だから悩むことについて耳にはしていても実感がなかった。けれど、女として生きていくことは、様々な状況から本当に面倒くさくて面倒くさくて…男女とも、そして男女というカテゴライズではない人も、面倒でない世の中にしていかねば希望が無いなぁと思う。

そもそも、何故モヤモヤとした違和感を持ち続けてきたかと言えば、私は母から「女として生きていく術」を習っていたからだと思う。それは、女性性を誇示する生き方ではない。むしろ逆で、ジェンダーの思想を教えて貰っていたのだ。社会の中で女性がどのように受け止められるかを伝え、そしてその押し付けをいかに回避するかという教えだった。

母は小さい頃の私にショートカットを勧め、「女子らしく」とお菓子を作ろうとすると「料理は結婚後に死ぬほどやらねばならなくなるかもしれないから、今は料理をしないでいいから勉強をしろ」と言う人だった。『アリーテ姫の冒険』（ダイアナ・コールス著、学陽書房）という本を小学校低学年の頃にくれたことも忘れられない。お姫様が囚われの身から自力で冒険を繰り広げ、問題を解決していく話である。しかし、私がこの本に夢中になり何度も読んでいた際、「この主人公は何でも自分でやって格好がいいけれど、世の中には男女どちらかを問わず協力してくれる素敵な人もいる。男性にも素敵な人格の人がいるけれど、この本には出てこない」と教えてくれもした。おかげで私は夫に出会い結婚することができたため、母のアドバイスに感謝したい。

なお、母は私が若かりし頃に「一人で暮らしていく経済的な人生を計画すればいいだけなので、無理に結婚しなくてもいいよ」とも言っていたので、何というか、自由に育ててくれたのだと思う。そんな母も婚前は仕事をしていたものの、結婚後は仕事の忙しい父を支える専業主婦として暮らしていた。しかし、私が大学院に入ると小説のコンペで受賞し作家デビューした。二桁の重版となったデビュー作の後、今も執筆を続けている。子育ての頃には本当に子供に全てを賭けてくれていたと思うが、現在、自分の人生を歩んでくれていることに私は救われた。「女として」生きることに向き合いつつ、そのカテゴライズに囚われずに生きていくこともできるのかもしれないと思ったのだ。

世の中の一部の固定観念に違和感を持つ人間が、モヤモヤすることなく生きていけるようになりますように。

11.「女性」職人の妊娠出産について

二〇二〇年四月、長男を産んだ。このことを本に書くのは止めようかと思っていたし、多くの男性からは読み飛ばされてしまうのかもしれないが、妊娠出産について記しておこうと思う。これから、職人として生きていこうとしている女性のために。

子供を持つべきか、長らく迷っていた。結婚し、夫とは「子供がいたらいいね」と話をしつつ、しばらくは長期間拘束されるPR案件などが続き「今ではない」と判断していたのだ。そんな仕事上のチャンスを追ううちに、三十五歳という高齢出産と認定される年齢を超えていた。三十六歳の誕生日を迎え、しっかりと考えねば後悔すると思うようになった。そして二〇一九年の春、急に幾つかのＰＲ案件が無くなり、翌年の春まで契約案件の期間が空くことがあった。今しかない、と思った。

とはいえ妊娠出産には高齢ということもあり、不妊治療も必要になるのではなど様々なことを考えた。ライフプラン、経済状況、受けるとするとどのような不妊治療があるのか、夫とどのように生きていくのかなど、調べては考えていく。私たち夫婦のライフプランと経済状況で高額な治療費の支払いを続けることは難しいと思え、もし妊娠できなければ子供たちへのボランティア活動などを増やしていくことで多くの子の成長の一端を担っていこうと考えるようになった。

その矢先、自然妊娠が判明した。

しかし、日本で女性が妊娠について考えることは、本当に厄介である。女性であることを面倒くさいと感じる私だからなのかと思ったりもしたが、冷静に考えておかしなことが多いのだ。なぜなら、妊娠は病気と見なされないから任意検査等には健康保険も使えないし、少子化が問題云々と恐ろしく長い間言われているのに出産費用でさえ国からは全額援助は保証されない。体に変化が起きているのに病ではないとは如何なものか。妊婦健康診査受診票の配布は本当にありがたいが、体調が悪くなれば足りなくなるのではと不安だった。これから妊娠・出産をひかえる若い職人には、市や区などからの妊娠に関する援助を調べ、とにかく休めるように貯金をしておくことを勧めたい。

不妊治療も補助が始まったばかりだ。治療費は高額なのである。「だから、なるべく早く産め」などとアドバイスしてくる方もいるが、子育てのための経済的にしっかりとした保障があるわけでもないので、真面目な人物ほどある程度の年齢までは経済基盤を確立してからでないと子供を持つ勇気を持てなかったりもする。そもそも、若いから不妊治療が不要というわけでもない。

そんなこんなで悩みつつ、いざ妊娠できたとしても、ホルモンの影響で心理的に落ちつかない時期にしたちょっとしたことで「妊婦様」と揶揄され、つわりの吐き気や腰痛で電車やバスで優先席に座れば「健康そうに見える働き盛りの人間がシルバーシートに座るとは」といった顔をする人がいて、仕事を長期間休むことになってもその後の復帰が保障されているわけでもなく、二十代で子供を持てば他の男女の社員より出世が遅れ、三十代以上まで頑張れば妊娠時期に悩まされ、体調や子供へのストレスの影響を考えると仕事を辞めたほうが良いのかと悶々とし、やっと産まれれば「子供がウルサイ」「ベビーカーが邪魔」と言われる…。

で、こういうことを書くと「フェミニスト、苦手です」等と言い出す方も出てくるのだろう。重々承知している。しかし、フェミニズムを深く理解しているわけでもないのにカテゴライズして論点をズラしてくるのは非合理的だ。こっちも、言いたくて言っているのではない。しかし、男性も男性で我慢なさっていることは多々あるはずだ。「男らしさ」という謎の基準でジャッジされる機会があったり、無意識に「家長」という役割を担わねばならないのではという全く根拠の無い責任を負わされていたり。論理的とは思えない認識と慣習が世の中に

妊娠していたとき、シルバーシートで…
席を代わりたい!!
けど
おなか痛いし、
気持ち悪いし…
どうすれば良い???
うぅ…
悩みすぎて体調が悪化してました。

は溢れている。その慣れ合いによる不利益が男女ともに無くなれば良いと思う。

夫の子供がいたら嬉しいだろうなぁという単純な理由で、私は一年のブランクを取ることを選択し、子供を産むことを選んだ。アホである。大博打である。ちなみに、子供についてのことを私が勝手にどこかで語ることは最早、私ではなく子供のプライバシーの問題になるため、しばらくは公の場で妊娠・出産に関して一般化できること以外を話すことはないだろう。

なお、今回の妊娠・出産について、私はメディアにもブログでも発信してこなかった。そして申し訳のないことに、お仕事の依頼をくださった銭湯の方々にも伝えることができなかった。この場をお借りしてお詫びしたい。その理由を正直に言うと、無事に産むことができるかわからなかったからである。

流産についても、実は妊娠初期に一五％の確率で母親に何の過失が無くとも赤ちゃん自身の染色体異常で産むことが叶わなくなる事実などが、もっと情報共有されると良いと思う。流産をした方からお話を聞くこともあり、様々なことを考えさせられた。本人の努力では如何ともし難い運命のようなものがある。それをどのように受け止め生きていけるかというケアと、パートナーとの人生を再考する助けはもっとあって良いはずだ。

私に関しては、望まない結果になった際に個人的な悲しみなどを依頼主に伝えることは自分のやり方ではないように思った。これが理由だ。妊娠を公言しないという判断をする際、ブログのことも考えた。新作制作についての更新をしないで大丈夫なのだろうか、と不安だったのだ。これは、数年前にブログ更新をしない時期を作っていた体験が大変役立った。当時は忙しくなり手が回らずに更新が滞っていたのだが、更新頻度や仕事の紹介が減ることで依頼が無くならないだろうかと不安になりもした。

しかし、更新が滞った時期の閲覧数や仕事の依頼数を検討した結果、ブログの更新回数自体はあまり依頼に関係ないことがわかった。そもそも、私のブログの閲覧数が少ないからという情けない状況も理由の一因なのかもしれないが。ＳＮＳなども含めてインターネット上での情報公開による仕事への影響は人によって変わるだろうが、こっそりと実験はしておくべきである。そして、どこまでの情報を出すかということも。

また、今後女性の職人が増える状況を考えると、妊娠出産に関する保険のようなものも必要になるだろう。しかし、現実的に考えて数年のうちにそのシステムが確立されるとは思えない。女性職人数が少ないからだ。約一年間仕事を休むこととなり、なおかつ医療費もかかるという状況を経済的に補助できるシステムが必要である。これは職人に限らず、フリーランスの女性にも関わることだろう。現時点で結婚を考えている女性職人は、妊娠を検討する際にそのことも頭に入れて経済管理をしていく必要がある。会社員を進路に選ばなかったのだから保障が無くとも仕方がないと諦めてはいけない。会社員のシステムも、昔は無かったのだから。こんな現状を書かねばならないとは、悲しくなる。しかし、これが現状なのだ。

そして、妊娠中にできる仕事を考えておくべきだ。ただし、妊娠中には体調の予測ができなくもなるため、仕事のペースが落ちることも予定に入れねばならない。数カ月に渡り毎日のように続く吐き気と食欲不振、どれだけ眠っても寝足りないという睡魔、さらに、急にお腹が痛くなった際にはすぐに休んで様子を見たり、胎動が二時間程度おきにあるかを確認したりという日々が続いた。

極個人的にペンキ絵制作作業としては、妊婦でも影響が少ないと思われる安全な塗料を探しておき小さな作品を制作すること、出産予定日後の仕事の打ち合わせやイメージ図制作をしておくこと、ワークショップを行うこと、この本のように何か依頼を受けて執筆をする機会を作っておくことなどをしてきた。それ以外の職人も、体に危険ではない方法で何かしら利益を生み得るシステムを構築しておくと精神的にも楽になるだろう。それまで体調管理を万全にして仕事をしてきた自分は、体調変化により「こんなに何もできないとは、社会人として失格ではないだろうか」と落ち込んだ。もともと、自分はそれほどの大仕事をする人間でもないくせに、この落ち込みようである。おそらく、真面目な人物ほどそうなるだろう。子供という他者を受け入れるのは、なかなか大変だ。体調で無理をしないことはもちろんだが、経済的にも心理的にも安心できる何かを見つけていくことは有用に思われる。

以上、妊娠出産について思うところまで。

12．銭湯ペンキ絵に何が描かれてきたか

自分の子供の頃のことや夫のこと、女性として扱われることへのモヤモヤとした気持ちなどを書いてきたが、ここでは銭湯のペンキ絵の話へと戻ろうと思う。まず銭湯ペンキ絵の中でも、富士山モチーフの歴史について書いていきたい。それは次章へと続く、「銭湯のペンキ絵はメディア（媒介）だ」という言葉の説明にもなるのだと思う。

なお、今まで「銭湯ペンキ絵」と書いてきたが、実はその名称もあやふやである。浴場組合では「浴場背景画」と呼んでいるが、これが一般的な名称になっているかと問われるとそうとも思えず、メディアでは「銭湯絵」「銭湯背景画」「銭湯ペンキ絵」など様々な呼び方がされてきた。曖昧さが過ぎる。しかし、この名称を関係者の会議などで決定するよ

りも、世の中の人々の呼び方に委ねたほうが本来の言葉の役割に忠実だと思う。ここでは、銭湯ペンキ絵という名称で書いていく。これは、石子順造氏の著作集『キッチュ論―石子順造著作集1』（喇嘛舎、一九八六）に収められた「銭湯のペンキ絵」という文章からの影響だ。

さて、この銭湯ペンキ絵には何が描かれてきたか。多くの方は、青空に富士山と水辺の風景が描かれた絵を思い浮かべるだろう。実はこういったモチーフのみが描き続けられたわけではない。例えば、石子順造の「銭湯のペンキ絵」（『SD』一九七〇年七月号、後に『俗悪の思想』収録前述『キッチュ論』収録）にはこのような記述がある。

図柄は、圧倒的に山紫水明の風景である。男湯と女湯がひとつながりであったり、左右そっくり対称であるような場合もごくまれにはあるが、ほとんどは中央のしきりをまたいで、木の繁った小山か岩で分断されて、男湯が渓谷ならば女湯は海、一方が日本の風景なら他方は外国の風景、といった例が多い。どのような絵を描くかは、たいてい描き手にまかされるのだが、ときには注文がある場合もある。とくに女湯では、子供連れが多いせいか、人物や乗物・動物などを描いてくれと頼まれることがあり、人気マンガ「もーれつア太郎」のキャラクターを、けばけばしく描いた画面も中野区内で見かけた。

地下鉄中野坂上の駅からあまり遠くないところにあるぼくのアパートの隣りの銭湯は、「婦久の湯」という名だが、そこの絵がつい最近描きかえられて、ハワイの風景になった。

この絵を見た感想として「ある種の淋しさを味わった」と書きつつ、絵がハワイ・グループというキャバレーの宣伝で描かれたもので、当時都内三十軒以上の銭湯にハワイの風景が描かれていた状況が記されている。広告として描かれるペンキ絵については次章にて記述したい。なお、「銭湯のペンキ絵」の文章の中では、なぜか富士山が多く描かれていることは記されていない。『キッチュ論』に同じく収録された巻頭の「キッチュ論ノート」（『キッチュ―まがいものの時代』、石子順造、上杉義隆、松岡正剛編、ダイヤモンド社）の中では銭湯のペンキ絵の紹介として富士山が多く描かれていることが紹介されている。この違いは興味深い。

アニメのキャラクターやハワイの風景が描かれていたということで、富士山以外の風景が当時描かれていたことがわかる。では、なぜ、富士山が描かれることが一般的になっていったのか。富士山がモチーフとなった理由も諸説ある。

例えば、大正時代に静岡県の掛川出身の画家が初めにペンキ絵を描き出したために富士山が描かれるようになったという説がある。しかし、明治時代には海外向けの作品などで富士山をモチーフにしたものは多々作られており、作者の大多数は静岡出身では無い。ペンキ絵を描いたこの画家の故郷愛や全作品数の中での富士山モチーフの割合なども不明なため、説としては面白いけれど、論としては些か弱くもある。もし依頼主から、画家の出身地の絵を描いてくれという注文を受けたというような記録が残っていれば明らかになるのだが、そういった記録が発見できていないのであれば、作者の生地と選ばれたモチーフを関係付けるのは結果論でしかないだろう。研究の深化が望まれる。そもそも、掛川からの富士山は小さく見えたような…。

辻惟雄氏の「かざりと風呂と茶」(辻惟雄編『「かざり」の日本文化』、角川書店、一九九八）では、興福寺大乗院の十八世門跡経覚（一三九五―一四七三）の日記『経覚私要鈔』から林間という入浴についての記述を取り上げている。林間とは、禅僧が真夏の修業の際に風呂に入って汗を流す「淋汗」がもとになっており、経覚の記録では風流や茶の湯の喫茶と合体させたものだという。なお、「経覚が大の風呂好きだった」という説明もあり、風呂への意識が高い人物だったのだろう。ここに富士山の飾り物の記録が紹介されている。

〔この日の林間を焼いたのは、楠葉西忍入道ら七人。風呂には作り花の瓶五つを立て、水舟の上に綿で富士（※）をつくって下の水舟を富士の下の海水に見立てた。（中略）〕

この記事に初めて風流の造り物が出てくる。「水舟の上の富士」である。（中略）ここでは、水槽から少し離してやや高い位置に台を置き、そこに屏風や造り物を置いたと素人流に考えておく。

余談になるが、この水槽に影を映す富士の姿が、現代の銭湯のペンキ絵にまで尾をひくのであろう。

※『大日本史料』および東大史料編纂所の写本はここを「勇士」と読んでいるが、田中仙翁氏は原典に当たってこれを「富士」と読んだ。私も内閣文庫にある原典のマイクロに当たって、このほうが正しいことを確かめた。

無粋者である私には縁遠い茶の湯の世界ではあるが、まさか入浴や富士山と結びつくとは驚かされた。入浴時にわざわざ富士山のモチーフの造り物を飾っていたとは大変興味深い。辻氏の「余談になるが、この水槽に影を映す富士の姿が、現代の銭湯のペンキ絵にまで尾をひくのであろう。」という指摘が心に残る。

なお、銭湯ペンキ絵との関係を指摘した先行研究は確認できなかったが、私が卒業論文執筆時に同じゼミの友人から「葛飾北斎も銭湯を立版古にしていて、富士山が浴室に描かれているよ」と教えて貰ったことがある。立版古とは、紙に刷られたモチーフを切り取り組み立てていくと立体になるという江戸時代の錦絵の一種で、おもちゃ絵とも言われる。銭湯をモチーフにした作品は、《しん板くミあけとうろふゆやしんミセのづ》（葛飾北斎、組上絵、大判五枚揃）だ。

しん板くミあけとうろふゆやしんミセのづ　組上絵　大判５枚揃

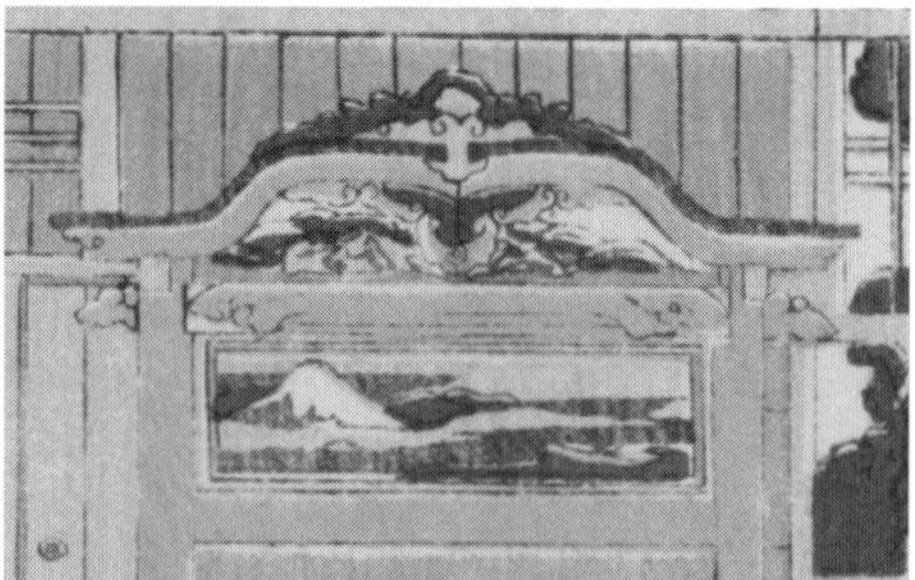

葛飾北斎《しん板くミあけとうろふゆやしんミセのづ》
島根県立美術館蔵（永田コレクション）

柘榴口に、富士山が描かれている。

江戸時代の銭湯は現在のように湯船に溜まったお湯に入るというスタイルではなく、上部を板で囲った蒸し風呂のようなもので入浴するシステムだった。その囲いの部分に、確かに富士山が描かれているのだ（銭湯の建築に関する歴史としては、山田幸一監修、大場修著『風呂のはなし』（鹿島出版会、一九八六）などの先行研究をご参照いただきたい）。この蒸し風呂を囲う板に作られた入口は柘榴口と言われる。屈んで入ることから「屈み↓かがみ↓鏡↓鏡を掃除するのに使っていた柘榴の酢↓柘榴」という言葉遊びから名付けられたものだと山東京伝の『骨董集』（一八一三）に収められた『醒睡笑』（咄本、一六二三）に書かれている。この柘榴口は、漆や金箔などを使い泊絵が施された豪華絢爛なものだったと『守貞漫稿』（喜多川守貞、一八五三）にも記されている。その部分に、北斎の作品のように実際に富士山が描かれることがあったのかは不明だ。北斎は《富岳三十六景》などで錦絵画中に富士山を入れて人気を博したこともあり、この銭湯の立版古が自分の作品であると富士山を描くことでアピールをした可能性も否めない。

なお、実は北斎だけでなく歌川芳藤（一八二八―一八八七）も柘榴口部分に富士山が描かれた作品を残しており、芳藤に関しては他にも幾つか湯屋（銭湯）を舞台に猫が入浴する作品なども作っていながら、他の作品の柘榴口には富士のモチーフがないことから、逆に江戸時代の銭湯の柘榴口部分に富士山が描かれたものがあった可能性が「有る」のではないかと思われる。実際に富士山が描かれていたのか、後の浴室研究が進むことを願うばかりだ。

調べてみると、様々な説や例があるという点だけでも、逆説的に現状で富士山がなぜ描かれるのかというコンセプトがあやふやになってくる。ちなみに、私は卒業論文で下記のような仮説を唱えていた。銭湯ペンキ絵に関する広告クライアントの要望の影響と、銭湯ペンキ絵が一般化した近代に見られる、富士のバーチャル体験型見世物装置の影響である。

まず、銭湯ペンキ絵の下に掲示された広告クライアントの企業がどのようなPRを望んでい

「あって、あたりまえ。」を疑ってみる。
なんで有るの？
どんな歴史があるのかな？
どんな可能性があるの？
記録はあるの？
どんな説があるの…？？

たかということに注目したい。絵の下にはかつて広告が取り付けられ、その広告費でペンキ絵が制作されていた。銭湯ペンキ絵は広告のサービスなのだ。絵師は広告会社に属していた（ちなみに、私はアルバイト時代に、銭湯の建築をしている方と銭湯イベントを開催していた会社員の方と一緒に「銭湯振興舎」という団体でこの広告システムを復活させようとしていた。銭湯の近辺のお店に飛び込み営業をして広告を出していただくのだ。この活動は現在まで続き、神田の稲荷湯さんにて一年毎に広告を掲示している）。

銭湯ペンキ絵が定着したと思われる大正時代の広告主の一つに、中山太陽堂（現クラブコスメチックス社）がある。この企業は富士山を使った広告を数多く展開していた。代表的な商品「クラブ歯磨き」の新聞広告では、一九一〇年代以降数年に渡り富士山の絵とともに広告を掲載している。社史を調べると一九一四年からは東武鉄道とのタイアップにより「富士山頂クラブデー」なるイベントを実施し、後に富士山会という登山隊も組まれて年々盛大になったという。楽隊とともに「クラブ富士登山隊の歌」を歌いながら、三合目までは二百頭の馬を連ねて登りご来光を仰いだそうで、行き帰りを含めると三泊四日の行程だった。中々の大イベントだ。加えて、一九一九年の福岡市大博覧会では富士山型の大幕布を設置していて、写真を見ると銭湯のペンキ絵を思い起こさせる装置であることも興

富士山を使った広告の例

味深い。

これだけＰＲに富士山を使っていた企業である。銭湯に広告を出す際に富士山を求め、イベントや新聞でも富士山が会社の象徴として使われるようになったという流れが見えてくる。すると、銭湯ペンキ絵になぜ富士山が描かれるようになったのかという理由が少し見えてくる。

もう一つの可能性が、近世・近代において都市部で楽しまれてきたバーチャル富士山体験型の見世物の影響である。現代においては、スクリーンに投影される映像や画像を流すゴーグルなどで楽しまれるＶＲ（バーチャル・リアリティ）だが、近世・近代には大きな装置を使って富士山を楽しむものが存在した。例えば、富士塚、富士山型縦覧場、パノラマだ。

富士塚は、富士山を信仰する講社である富士講によって生み出された。富士山が見られる場所に作る富士山のミニチュアである。富士山から溶岩を運び表面を覆い、烏帽子岩や人穴に模したものを作るのだ。関東圏では室町時代から富士塚や富士見台といった人工的に作り出す富士山が見られるようになり、江戸時代末から各地に広まった。都内では幕末から大正・昭和初期にかけて特に盛んだった。実際に富士山へ行くのは大変だが、富士山に登るのと同じ御利益をご近所で得られるのは楽である。小山のようになった富士塚を登ってみると、らせん状に上がっていく道を足で踏みしめていくうちに「なるほど、富士山を疑似体験するのはこういうことか」と少し楽しくなってくる。

次第に、宗教から離れ遊戯的な富士山型バーチャル装置が作られるようになってくる。一例として明治時代に浅草公園に作られた「富士山縦覧場」が挙げられるだろう。石井研堂著『明治事物起原』(下巻、春陽堂、一九四四)によると、一八八五年に浅草観音堂脇の五重塔に修繕用足場を作った際に下足料(観覧料)を取り公開したところ意外に繁盛したため、香具師の寺田為吉なる人物が東京を一望できるらせん状の建造物を作ることを思いつき、富士山型の見晴らし台を制作したという。「人形師花亀(下谷広徳時前住)に工事を請負はせ、公園内第六区四号地後のパノラマ館の地所に造り建てしは、木骨石灰ぬり、高さ十八間上り二百間下り二百三十間の富士山にして、不器用のさゞえ殻の如きものなり。」と記されている。

錦絵にも梅堂国政画「俳優出世登山寿語六」（一八八七、錦絵一枚）や幾英画「浅草公園富士山繁栄の図」（一八八七、大判錦絵三枚続き）など多く描かれてきた。注目すべきは、どちらの錦絵にも富士山縦覧場の後方に本物の富士山が描き込まれている点だろう。大きな富士山を体感しつつ、また富士山を眺めるという倒錯的な富士山受容の文化があったのだ。

最後に、パノラマ装置が挙げられる。現代ではパノラマというと横長画面を思い浮かべる方が多いと思うが、近代の見世物では「パノラマ」という名称で円形にぐるりと異世界を描いた絵画を見せる装置があり、手前にはジオラマが配された。現代のプラネタリウムのような装置で、天井ではなく横に広がる景色を眺めるという仕組みである。この「パノラマ」として、一八九一年の神田で洋画家の浅井忠たちが絵を手掛けた「富士川より富士山を観たる」装置が作られた。当時の新聞によると「曠々たる田野、漫々たる海水、山の蒼々たるもの、木の蓊鬱たるもの、遠くに見ゆる田夫婦人、蜒々蜿の如きは富士河の鐵橋なり髣髴霞の如きは美保の松原、田子の浦なり」（「錦超のパノラマ館」、『都新聞』明治二四年三月二八日）といった記録がある。戦争の場面が作られることが多いパノラマ装置の中でこのような風景が描かれたことで、人々はその爽やかさから、まるで鉄道で旅をしているようと評した。それは、前述の装置に続く「実際には見ることが難しい富士山を疑似体験する楽しさ」につながるものだ。近世・近代の江戸・東京の文化である。銭湯のペンキ絵も、画面の大きさと下部に描かれる水辺の風景が湯船のお湯につながる構造から、富士山の疑似体験装置になっていることに注目したい。これは、近代のバーチャル富士山を楽しむ文化が今も残っているという流れなのかもしれない。

以上のような考察をしつつ、おそらく、富士山が描かれるようになった理由を一つに限定することは不可能だろうと思われる。そもそも何かのきっかけで描かれたモチーフが継続されるようになった理由も鑑みられる必要があるが、そこには幾つかの条件が組み合わさっていた可能性も高い。わかりやすく一つの回答にまとめてしまうと、こぼれ落ちる事実が多すぎるはずだ。

小難しいことをまとめ続けてきたが、銭湯のペンキ絵については、言わばコンセプトの無さがコンセプトとも言えるものだと私は思っている。西洋美術の概念の中では理解されづらいかもしれないが、そういった美術の楽しみ方が日本にはある。例えば禅画の仙厓《せんがい》

（一七五〇―一八三七）の絵を見た際、禅について考えるよりもまずその大らかな線や登場人物の朴訥とした表情に思わず笑顔になってしまう方は多いだろう。その時、禅画は禅のイメージを伝えるものから逸脱し、思わずにっこりとしてしまう説明不要の絵になる。もちろんその後、様々な絵の意味を理解して楽しむことが鑑賞の面白さを味わう深化にはなるのだが、初めの「説明不要さ」を忘れてはならないはずだ。コンセプトのみに囚われてしまうと見失ってしまう美術がある。銭湯ペンキ絵は、その流れにあるだろう。

なお、富士山というモチーフに特別な意味を付加する際、そこにナショナリズムのプロパガンダとしての役割が担わされる危険がある。それが日本文化を愛でる姿勢につながれば良いのだが、度を超えた日本美化や戦時に国民意識を高めるために使われたような負の使われ方になる可能性もある。「銭湯にはなぜ、富士山が描かれるのですか？」とよく問われるが、こう聞かれる位に意味が「無意味」になっていることが重要だ。何も考えずに見られる慣習があるという点が大切なのかもしれない。

湯煙コラム⑦

江北湯

出産のお知らせの葉書に印刷した赤富士を気に入ってくださり、「縁起よく、この絵の感じで」と明け方の黄色い空に赤い富士山を描いた、江北湯さん。

昔ながらの味のある外観の建築と、リフォーム完備の新しくも落ち着く浴室の掛け合いが気持ち良い銭湯だ。定番とモダンの組み合わせをペンキ絵でも味わっていただければありがたい。

今年、多くの銭湯で描いているアマビエも、さりげなく潜ませた。常連客に楽しんでいただければと願うばかりだ。

●住所：足立区江北2の27の6
電話番号：〇三－三八九〇－〇二六八

湯煙コラム⑧

鶴の湯

浴室のリフォームとともに制作したペンキ絵は、北斎の作品。鶴が描かれたものだ。打ち合わせ時の話ぶりから、店主が北斎の作品について細かく調べていた様子がうかがわれた。改築でどのような銭湯にしようか、銭湯ペンキ絵はどうしようかと思いを巡らせていたのだろう。そういった銭湯ペンキ絵に関われることは、嬉しい。

浮世絵モチーフは、線を描かないと締まらないため通常の銭湯ペンキ絵よりも工程が多い。時間はかかるが、お会いする度に嬉しそうにペンキ絵についてお話ししてくださり、ありがたくなる。

●住所：江戸川区北小岩7の4の16
電話番号：〇三ー三六五八ー五三七八

13. 銭湯ペンキ絵はメディアだ―ペンキ絵と世の中の経済との関わり

前の章から少しずつ書いているが、私はペンキ絵をメディアだと思っている。絵画を介して情報を発信するという意味での「マスメディア」でもあるし、あるいは銭湯と世の中をつなぐ「媒介」としての役割もある。では、世の中の何とつなぐのか。ここでは、そうしたことについて書いていきたい。

数が少なくなるにつれ、銭湯という存在は些か浮世離れしたものになりつつある。昔ながらの寺社風建築やタイル、ペンキ絵といった装飾の要素を持つ建築物は日常生活の空間からは異質なものだろう。すると、そもそも日常生活から逸脱する空間が意図的に作られているのだ。しかし、その逸脱は日常生活にあるからこそ意味を持つ。逸脱が日常から離れつつあるということ自体が問題だと思っている。

日常生活から離れた結果、銭湯が社会から孤立してしまう状況も発生している。例えば、経済との関わり方が一例として挙げられるだろう。昭和中期までは銭湯ペンキ絵の下や浴場の鏡、脱衣所の壁やベンチなどに沢山の広告が出され、割引料金チケット付きの映画ポスターが壁に何枚も貼り出されていた時代があった。その頃には、多くの人が銭湯を日常的に使い、人が集まるからこそ広告掲示の意味がある場所であり得たのだ。その風習が、銭湯利用者減少と銭湯数の低下により一時期姿を消した。

そこで、私が積極的に受けている仕事が、PRのペンキ絵制作である。今まで、「シン・ゴジラ」や「アベンジャーズ エンドゲーム」などの映画のPR用ペンキ絵を描かせていただいてきた。ペンキ絵で企業によるPRが可能になると、銭湯と社会とのつながり方が少し変わる。例えば、人気のあるエンターテインメント企業のPRで人気キャラクターのペンキ絵を描けば、銭湯にそのキャラクターを愛する人々が集う。その人たちは、普段は銭湯とは無縁の生活を送る人であることも多い。ペンキ絵という媒介を介して、それまで銭湯とは縁の無かった人が銭湯に来てくださるようになる。図柄や文字などでPRのしやすい銭湯ペンキ絵は、PR資料としてメディア紹介時に写真映えもするため活用度合いが高いのだ。

ただし、このPR案件に関しては、全ての銭湯で可能というわけでもない。例えば、アクセスの良さとして、駅からの距離なども関係してくる。例として挙げていけば、幾つも条件はある。PR依頼主のイメージに合う銭湯か。銭湯がSNSなどで情報を発信しているか。清潔さや銭湯建築の雰囲気は良いか。番台やフロントにいるスタッフはお客様の要望に対応できるスキルを持っているか。こういった条件を満たす銭湯が企業PRの舞台として選ばれることが多いが、この条件全てを満たせる銭湯は実は少ない。条件の中には、経営努力で変更可能なことではないものも含まれてくる。

そんな中近年では、スタンプラリー形式にして様々な銭湯を回り、スタンプを集めていくと特別なグッズや待遇などの特典を入手できるというシステムのPRも見られるようになってきた。企業広報やPR関連会社に銭湯好きの方がいてくださり、時間をかけて準備をして沢山の条件を考えてくださったお陰でこういったPRが可能になっている。

PRに優位な店舗だけではなく、多くの銭湯がその経済効果を実感できるシステムの構築は、より一層必要になると思われる。スタンプラリーを含んだPR案件の後、ある銭湯では「あのPRのお陰で、見たことがない若い人が何人も銭湯に来てくれて嬉しかった」と話してくださった。銭湯の中には、若い世代の店主や協力者がいて、精力的にイベント実施やSNSでの情報発信が可能な店舗もある。しかし、高齢化した店主が日々の営業で手一杯な所も多いのが現実であるため、スタンプラリーといった協力しやすい仕組みのPRで多くの銭湯が気軽に参加可能になることは意味があるのではないだろうか。それでも、「自分の銭湯ではどうしてもこういったPRに参加したくない」という店主もいらっしゃる。常連を大切にし、静かに経営をしたいという所も当然あるのだ。そういった銭湯が、あえてこっそりとPRから外れる選択をできる自由さも確保されるべきだろう。

なお、こういったPR案件の銭湯ペンキ絵は昔からあった。私の師匠も制作していたし、前出の石子順造の「銭湯のペンキ絵」でも一九七〇年代には多々行われていたことがわかっている。このほか、雑誌『SUPER ART』(パルコ出版、一九七九年九月)では「銭湯絵画二十六景」という特集が組まれ、広告と銭湯ペンキ絵の関係として下記のような記述がある。

直接、銭湯と広告を結びつけてしまう方法。品川の天神湯では、BOSTONのレコードジャケットをそのまま壁にコピーしてしまった。これは流石に描きあげるのに三日くらいかかったという珍しい例。他にかなり以前に映画のキャンペーンに利用したこともあったらしい。

ペンキ絵の制作は現在基本的に一日で終わるが、細かなモチーフの場合は三日程かけて描いていたということも興味深い。

また、PR案件ではなくともペンキ絵を介して世の中と銭湯をつなげるものがあ

逆に、世の中と全く関わらない

ペンキ絵も、良いのかもしれない。

あの無人島の
あの壁に、
私だけが知っている
ペンキ絵が、
あるんだ…。
…と1人で
思いながら
生きていくという。

る。銭湯店主とお客様をつなぐ役割だ。美術の世界では長年、寺院や皇族、王様や将軍といった権力者のために絵が描かれてきた。私の依頼主のメイン層は現在、銭湯の店主と市井の人である。ＰＲ案件の場合は広告を出す会社が施主だが、残念ながら現状でお受けできる件数は少ない。絵を見る人を想定すると、通常の制作時の銭湯店主と銭湯に集う市井の人が一番多くなる。

銭湯店主の依頼も、実はお店のお客様を想定して依頼をしてくださることが多い。ペンキ絵について打ち合わせをする際、「常連客のおばあちゃんから、今度は赤富士がいいって言われてさ」、「町の名所を描いて、地元の常連客を喜ばせたいんだ」といった声をよく聞く。銭湯店主がお客様をいかに喜ばせるか、また、お客様とどのような関係性を育んでいくかを考えている様子が依頼の中からうかがえるのだ。

銭湯店主の話をうかがい、市井の人に向けて絵を描く。そこに私は現代において絵を描く意味があると思っている。自由経済、資本主義の現代、私は特権階級の人間のためではなく、フラットな「街の人」を意識して絵を描きたい。とはいえ、現代においては日本でも貧富の差は広がっており、フラットとは言い難い状況も生まれつつある。もう少し経つと、銭湯の顧客が変わるかもしれない。それは経済システムの変化のせいか、ＡＩの進化のせいか、何で起きるのかは現在予測ができない。現状では新型コロナによる景気への影響も深刻だ。しかし、もう少し経ち状況が落ちつけば、例えば銭湯が誰しも無料で使える時代が来るかもしれないし、逆に超高級入浴施設へと変貌し富裕層のみが利用可能な施設となる可能性もある。

かぐや姫の南こうせつによる「神田川」の歌詞では「三畳一間の小さな下宿」に暮らす貧しく若い恋人たちが通っていた昭和の銭湯が描かれるが、その世界感から考えると、そんなアホなと思われてしまう未来だろう。けれども、VRが一般化した際には銭湯に実際に手間と時間をかけて行けるのは富裕層になるかもしれない。すると、銭湯のブランディングが変わる。昔の立派な寺社建築を再構築した下町路線をあえて楽しむブランディングになるのか、最先端の技術のみを使い続けていくお洒落な空間になるのか（これは未来に限らず、現代の入浴施設建築においても問われているコンセプトとも言えるだろう）。その時の銭湯のシステムと顧客層を私は読み切れない。銭湯ペンキ絵への需要が一時的に変化する可能性も高い。なお、入浴施設としてはスーパー銭湯やサウナなどもあるが、これらは銭湯と客層が違っていると思う。スーパー銭湯はファミリーレストラン、銭湯は喫茶店、サウナは焼肉屋に近い客層のイメージだ。似ているようで、微妙に競合相手にはならないように感じている。

しかし、一つの方法として、銭湯の寺社風の建築や近代以降の昔ながらの様式を確立することで「銭湯らしさ」というブランディングを構築していくことは可能だろう。時代を追うものは実はすぐに古くなる。その点、長年愛され続けて様式化できたものは定型となり「古さ」から抜け出せるようになる。流行の服は数年で時代遅れになるが、シンプルなアイテムや制服は長年着続けられていることを思い浮かべていただくとよいのかもしれない。その様式を確立していくことで、新時代への対応も可能である。とはいえ、そのためには再建の際に「昔っぽい空間にあえてしているのがあざとい」と思われたりすることのないよう、本質的な要素を掬い出して再構築していく必要がある。いよいよ、面白くなって参りました。

ちなみに、私がインタビューで「これから、どんな絵を描いていきたいか」と問われる際にいつも「昔ながらの銭湯ペンキ絵らしいペンキ絵と時代の要望に沿ったペンキ絵、どちらも描いていきたい」という旨の答えをするのは、そういった理由だ。様式という型は絶対的に必要なのである。この型があればこそ、崩すことも可能なのだ。これは、もはや今後のペンキ絵のあり方を探る問いかけなのだ。

なお、技術の進化でプロジェクションマッピングのように絵ではなく動画の投影になるものが一般化していくのではと言われることもあるが、個人的にはその可能性は低いように思う。というのも、動くものには瞬間しかないからだ。動画には、時間毎に動きやピント、画面の切り取り方の変化などがあり、そのため物語性が生じてしまうことがある。こういったものは、実は繰り返されると飽きる。かといって、ニュースのように毎日変わる情報を流していると、とにかく疲れる。ニュースに気を取られていると出るタイミングがよくわからなくなり、入浴客の回転率も下がる。それならと抽象的かつ特に個性の無い動きのモチーフのみを映し物語性を排除しても、意味の無さ故に見続ける意欲がわかず、記憶にも残らないという欠点がある。記憶が確立されるためには、あえて動かない「絵」だということが大きなポイントになると思われる。絵の記憶は次第に場への記憶と同化していく。場への記憶は人にとって重要だ。その際、ペンキ絵が絵画であることの意義が役立つはずだ。銭湯のペンキ絵の本質的な問題になってくるので、この点に関しては後の章にまとめたい。

銭湯とお客様との関係をペンキ絵でつなぐ際には、店主がお客様のご要望を汲み取る以外にも例がある。趣味や故郷、ペットといった店主のパーソナリティーが反映されるモチーフを挙げることができるだろう。また、銭湯の歴史や店名の由来などが感じられるモチーフを要求されることもある。銭湯の歴史や関わる人物の存在が意識させられる。するとその場所が身近に感じられるようになる。チェーン店だけれど店員さんとマニュアル的な挨拶以外の話をする機会があると急に通うのが楽しくなる、なんていう経験をなさった方もいるかもしれない。人や場と出会い話すような楽しさを、ペンキ絵を介して提供できたら嬉しい。

私は人の話を聞くことが大好きだ。銭湯では、お風呂に入る瞬間だけ番台にいる方と他のお客様とで疑似家族のようになった気がすることがある。常連客と番台の店主が家族のように話している姿もよく見かける。生活の中の小さな失敗を笑い合い、お互いに健康について気を掛け合い、「おやすみ」と一日を労い合う、その時だけの家族のような関係だ。そういった関係性が育まれるきっかけに、ペンキ絵がなると嬉しい。「あそこに描かれているのは、いつもご近所を一緒に散歩しているペットのマルちゃんでしょ」、「なんで大きく松が描いてあるのですか？」、「ゴルフ好きだからゴルフ場を描いてもらったのか！　最近、行ってる？」などと新しくペンキ絵に描かれたものを見て話に花が咲く。そのために、打ち合わせをして様々なモチーフを入れていく。定型からのアレンジの一つとして、これを自分の型にできていければ面白いと思っている。

銭湯でもし私のペンキ絵をご覧いただくことがあれば、そして、それが変わった絵ならば、模索しているなぁと思っていただければありがたい。

湯煙コラム⑨

地蔵湯

駅から歩いて数分の、昔ながらの銭湯。店主は職人肌で多くは語らない。

数年前、久しぶりにペンキ絵を描かせていただいた。何も言わずに見守ってくださり、描き終えた作品をご覧いただくと、しみじみと「上達したねぇ」。私は未熟な部分は多々あるが（ほとんどか）、こうして見守ってくださる施主がいてくださりありがたい。

さらに上達できるよう、次回もご依頼がいただければとにかく頑張るしかないと、気合いを入れてくださる銭湯だ。

●住所：江戸川区北小岩2の12の11
電話番号：〇三―三六五七―三三七一

14. ペンキ絵は、変わるべきか

前章でも富士山モチーフについてまとめたが、銭湯のペンキ絵では富士山を描くことが多い。「ずっと同じモチーフだと、描くことに飽きないですか?」とよく聞かれる。そう聞かれて初めて同じモチーフを描き続けていることに気づくのだが、飽きることはない。全く同じ絵ではなく、銭湯の場に合わせて描いていくといった変化があるからだろうか。また、私の中では文字を描いている時の気持ちに近いのかもしれない。書道でも文字という決まったモチーフを書くけれど、場合に合わせて字体を少し変えたり、書家の個性が出たりする。ペンキ絵の制作は、その感覚に似ているように思う。

その上で、銭湯のペンキ絵は同じモチーフを描き続け、変わらないでいるべきなのかということを考えていきたい。どういった観点からの考察が良いかと言えば、絵画という媒体と、様式化について見ていけばわかりやすいのではないかと思う。

プロジェクションマッピング（あるいは液晶画面）などによる動画の利用については前にも書いたが、ペンキ絵が絵画であることには意味があるのではないだろうか。その例として二つ挙げたい。

まず、鑑賞者固有の思い出にいかにアプローチが可能かということである。例えば、写真や実写の動画の場合は、撮影場所が特定される。しかし、絵に描かれた風景はどこが描かれているのかあやふやでも許される。そのため、鑑賞者は描かれた風景を「前に見たあの場所と似ている」とか「名所と言われるあの場所だろうか」などと想像してくださる。我が物として絵を見てくださるのだ。銭湯ペンキ絵の中には特定の地名が書かれているものもあるが、私は基本的には地名を書かないようにしている。すると、想像する楽しみが生まれる。その隙間があることで、鑑賞者が絵を眺めつつ考えてくださることが重要だと思っている。

また、一定の期間において同じ絵であり続けることで、様々な変化が鮮明になるという点もある。銭湯のお客様の中には、毎日のように通ってくださる常連客の方も多い。毎日の生活の中で、お客様は様々な感情を抱いて銭湯にやって来る。時にはイライラしていることもあるだろうし、仕事の後で疲れていることもあるだろうし、嬉しいことがあってウキウキしながら来ることもあるだろう。そういった感情を持ちつつ、絵を眺める。すると、同じ絵でも違って見えてくる。

会社員時代、仕事帰りに会社近くの銭湯に行きペンキ絵を見ると、仕事がうまく進められなくて反省している際には遠くから大きな富士山が見守ってくれているように思えたし、嬉しい時には明るい色合いの景色に気持ちがさらに高まった。時に、富士山に怒られたり慰められたりしたように思う。そうしているうちに、今日の富士山がどう見えるかを確認するのが面白くなってきた。そういった日々の機微は、同じ絵を見続けているからこそ気づけるものだ。

その中で、数年に一度絵が変わる。その時、日々の時間の流れというものを改めて意識させられる。この描き替えのタイミングこそ、人生を少し面白くしてくれるスパイスのように思える。よく見ると変わったモチーフが描かれていることに気づかされ、個々の職人による色使いや筆致の特徴なども覚えてくる。何度か描き替えがあれば、職人の経験値や年齢によって絵に変化が見えてくることもある。これらは、同じモチーフが描き続けられることで比較によって発見される細部の変化なのだ。銭湯には、銭湯に入浴中の今という時間と、長年続いてきた時間の二つの時間軸がいつもある。これを明確化していくのが型を守りつつ新しくなる銭湯のペンキ絵だ。

動くものには、瞬間しかない。しかし、人生は長い。どちらの時間も私たちは経験するのだ。今後、ITや医療の進化でさらに人生が長くなることもあり得る。その人生の中で、年という単位で一つの同じものを見続ける、少し長めのスパンの時間の経過を意識することこそ、今後の時代において一つ価値が生まれるものと思われる。

そして、様式化である。様式は、言いかえれば「型」だ。富士山を描くという型があるからこそ前章のPR案件のペンキ絵は型から外れることで目立つ。逆に型が無ければ成立しないものだ。

型としては、幾つかの条件が定められることになるだろう。一般的な定型の「銭湯ペンキ絵らしいペンキ絵」としては、下記のようなものが挙げられる。

・銭湯に描かれる。基本的に描かれる場所は浴室内壁面である。
・画面上部に、青空が描かれる。
・遠景かつ主要モチーフとして富士山が描かれる。
・中景、近景には水辺の風景が描かれることが多く、小舟、岩松などが遠近感を持って配される。
・数年毎に描き替えられ、絵が変化していく。
・ペンキによって描かれる。
・道具として、刷毛、筆、ローラーなどが使用される。
・職人の手描きである。
・職人により色味や筆致が異なり、職人の経験年数により画風、モチーフ数の変化などが見られる。
・具象ではあるものの、日本画・西洋画の画風ではなく銭湯ペンキ絵独特の画風がある。

こういったものが基本としてあり、現状において様式化してきていると言えるだろう。

しかし、何度でも言うが、この形式を外れるからといってそれが「銭湯ペンキ絵ではない」ということにはならない。アレンジは必要になるだろうし、アレンジが何年も続くことにより、その変化自体が定型化する可能性もあるのだ。

　今後の銭湯ペンキ絵にどのようなものが描かれていくのか、私自身も楽しみだ。

15. 銭湯ペンキ絵を百年先に残すために、意識的にしてきたこと

ペンキ絵を描く中で、今後のために意識的にやってきたことがある。模索中ではあるが、その試みは大きく分けて二つだ。経済的な安定と、仕事の上での安全性の確保である。そのことについて書いていきたい。

経済面に関しては、フリーの職人の経済は安定していないため思考方法を変えた。ご依頼は継続的にいただきつつも、現状で私は月毎にまだ差がある。寒いとペンキの渇きが遅いため、冬には仕事が少し減るといった避けられない事態もある。そのため、数年前から月での計算を止めて年単位での思考をするようにした。するとうまく回っていくようにな

った。

とはいえ、もちろんこれは根本的な解決ではない。少しでも依頼をいただき、仕事の数を増やすことが一番だ。そのため、自分は毎回全力で仕事をする。そうしたら、その努力を見た方が次のお仕事をくださったり紹介してくださったりする。当たり前かつ真面目な意見すぎて飽き飽きとされることは承知の上であえて書くが、努力は必要で、これが一番重要に思われる。

なお、妊娠出産について書いた章と重複するが、保険などのシステムも考えていくべきだろう。職人になると保険の選択肢が極端に減る。現状では職人は入ることができる保険も少なく、女性の職人独特の休業に対しては何も補償がない。例えば、フリーの女性職人が妊娠しても、会社員のように傷病手当金も、出産手当金も、育児休業給付金も、失業給付金とその延長も貰えない。そのため、人生の予定を考えて貯蓄をしておかねばならない。それがフリーとして生きる定めのように認識されてきたが、未来は変えられるということを忘れてはならないだろう。

正社員であっても仕事を辞めると社員としての復帰が難しいため、倒れそうになるほど辛くても仕事を続ける妊婦もいるという。金銭面のライフプランを考えれば合理的な選択だ。しかし、それがベストの選択肢だと言い切れる人が、どれだけいるだろうか。

取り急ぎ、絶望とともに模索を続けつつ、現状で自分が行っている経済活動につながる小さな試み（お仕事の依頼をいただくための工夫）を書いておきたい。

①仕事の情報発信をする

ＳＮＳ全盛期を迎えて久しく、自分から情報発信をすることで様々なチャンスが得られることは自明のことだろう。私もやはりインターネット上で自己発信をしているが、あえてＳＮＳからは距離を取りブログを使ってきた。「銭湯ペンキ絵師見習い日記（田中みずき銭湯ペンキ絵制作記録）」（http://mizu111.blog40.fc2.com/）である。

「Twitter や Facebook、Instagram などのＳＮＳを使わない理由は幾つかある。まず、Twitter に関しては文字数が少ないからだ。私はライターをしていた経験から、自分の文章に必要な文字数が多いことを知っている。そして、銭湯ペンキ絵に関して発信する情報の中には、銭湯の住所や営業時間も絶対に掲載したい。すると、一四〇字では足りないのだ。そもそもブログを始めたのは、ペンキ絵を通じて銭湯に興味を持ってくださる方が増えればという気持ちがあったため、この条件は譲れない。

また、ネットを介したコミュニケーションに関する問題もある。Twitter、FacebookやInstagramでは、ブログよりも気楽に様々な方との相互コミュニケーションが可能となる。これが自分には不向きだ。見ず知らずの方にどのように返信すべきかわからないのだ。銭湯ペンキ絵の制作の際にお店の方にお話を聞いたり、実際に銭湯へ行きお客さんの様子を見たり、地域の名所などを調べるといった「リサーチ」を重視してきた私には、未知の方にベストの回答をすることは困難なのである。会話の対象がどのような人物かわかれば、そのお人柄に合わせて理解していただきやすい回答を用意することができる。しかし、未知の人物に対してはどのように回答をすればよいのか考えると悩んでしまう。

もちろん、様々な方が集まる場でのプレゼンなども行ってきたため、一方的に話をすることは可能だ。しかし、それではSNSの意味がない。また、ネット上で毎日のように未知の方との問答を繰り返す時間は、私には仕事の関係もあり取ることができない。加えて、世の中の発信について「いいね！」など評価したり、様々な情報の中から自分が引用発信したいものを選出しリツイートをしたりすることも、本気で取り組むとなかなか難しい作業だ。過去の編集業での仕事を思い出してしまう。これは最早、自分が不器用なだけなのかもしれないが、どう考えても不向きなのである。そうしたことに時間を使うなら本を読むなどしたい。

そして、SNSの時間軸の取り方が自分には向いていないのだ。SNSには、今しかない。どんどん新しい情報が上のほうに出てくる表示のされ方で、ある一つのコンテンツについて過去に遡り調べることが難しい。これは自分の過去の仕事を遡る際にとても不都合だ。初期のTwitterでは文末に「なう。」とついていたけれど、これはものすごく端的にその性格を表している言葉だと思う。個人の「今」という瞬間が全世界に共有されることは興味深いが、そこで共有される判断軸は瞬間の感情的な思いの度合いが強く、熟考の間を取ることができない。思考と作業の記録として考えると、その一時性が自分にとってはネックになるのだ。

そもそも、あまり人と趣味が一致せずに孤独に生きてきた自分が人様に共感を求めるのは、度が過ぎた願いなのかもしれない。そのため、ネット上で一般公開されているツイートなどから情報を得ることはあるものの、自分からSNSで発信はしない。人にはそれぞれに便利なツールがあるはずだ。

なお、実はブログには電話番号を掲載しており、これが役立っている。もちろんコメント欄からお問い合わせをいただくことも多いのだが、依頼主のお話の仕方や声からは文章のみでは得られない情報が得られることがある。直観というものは文章化できないが無視できないものだ。

「この時代に、なんてアナログな！」とＩＴ関係に精通している方には怒られるだろう。将来いつまで「電話」という概念が続くのかはわからないが、今の自分にはブログと電話が重要なコミュニケーションツールとなっている。

ちなみに、ＳＮＳに加えてやらないことがもう一つある。それは営業活動だ。そもそも予算もなく一人で仕事をしているため、一つひとつの仕事の完成度を上げるために打ち合わせやイメージ図制作をしていると営業活動の時間が足りなくなる。そして顧客満足度を上げるためには本当に必要としている顧客に商品を提供していく必要があり、その「本当に必要としている」顧客は営業をかけずともご依頼をくださるように感じている。

メディアで私の活動を知ってくださり、ブログなどを見てご依頼をいただくこともあるが、銭湯のペンキ絵のモチーフや概念からかけ離れたものに関してはお断りするようにしている。とはいえ、本音を言えば一つでも多くの仕事を受けて稼げれば嬉しいし、お断りすることで仕事が無くなるかもしれないという恐怖感は大きい。悩むし、震えながらお断りをしているのだ。しかし、自分に向けられる本当の需要を考えるためには必要な判断だと思っている。

営業に関して加えると、私は業界関係の飲み会などもほぼ行かなくなってしまった。こんな自分をお誘いくださる稀有な方がいることがそもそも奇跡のようなことなのだが、基本的に多くの人が集まる場は、気をつかってしまい苦手である。

「飲み会を断る」のも、若い頃は本当に怖かった。つきあいが悪いと思われ嫌われるのでは、あるいは何か大きな機会を失うかもしれないなどと思っていたのだ。しかし、仕事を辞めた後にビジネスホテルのフロントのアルバイトをしていた時間帯が夜だったため、飲み会のお誘いを断らねばならない事態が増えた際に気づいた。本当に何かのご縁を作り出そうとしてくださるお誘いの場合は、一度お断りしても別の機会を提案してくださることが多い。また、信頼している友人であれば一度断っても再び誘ってくれる。目の前の仕事に真面目に取り組んでいくと意外に機会が開けてくるものだ。なお、ぼんやりと参加した飲み会で仕事を得たことは、私は一度たりともない。

しかし、ものすごく社交的な方であれば、おそらく営業の飲み会も意味があるのだろうなぁとは思うのだが。

②打ち合わせの重視

銭湯ペンキ絵の職人は、モチーフなど銭湯から「お任せ」で絵を制作することが多い。しかし、私は打ち合わせを重視している。ご依頼をいただいた際、日程の確認のほかにお聞きするのは絵に入れるモチーフのことだ。ご希望のモチーフがあるか、そして、イメージ図をご希望かの確認を取る。

店主からうかがったモチーフを元に、イメージ図を描いていく。この「イメージ図」を、私は手描きで描いている。PC上で絵を描くこともできるのだが、どうもペンキ絵らしさが出にくいように感じてしまうのと、描き続けることで絵が手に馴染んでくるように思えるからだ。何を言っているのだと思われそうだが、絵が手に馴染んでくるということがあるのだ。意図せずとも自分の絵が描けているという感覚が持てるか否かの違いなのだろう。ＰＣだと微妙な位置差と時間差が出てしまうような気持ちがしてどうも馴染めない。漫画がＰＣで描かれることが当たり前になりつつある今、十年もしたら理解されなくなる感覚なのだろうと予想はしているのだが。

しかし、手描きだと時間がかかる。手間がかかってもイメージ図を制作する意味はあると思っているため、とにかく描く。それは言語化されない要望のようなものを具体化できるからだ。曖昧だった要望を少しでも店主の理想に近いものにするために必要なのがイメージ図なのだ。店主がご要望について悩んだり、打ち合わせの際に多くのご要望が出たりする際には、三パターンのイメージ図を描く。まず、ご要望のままに描いたもの。そして、あえて店主のご要望を入れない、スタンダードな銭湯のペンキ絵らしいペンキ絵。最後に、打ち合わせや銭湯の見学を踏まえた上で私がお勧めしたいイメージである。この三パターンからお選びいただきご相談していくと、店主の言葉が明確になってくる。この一手間がとても重要なのだ。

③ クライアントのことを考える

銭湯店主との打ち合わせはもちろん、企業PRの際はこの打ち合わせがさらに細かくなり時間が必要になる。企業ロゴやキャッチフレーズの位置などもイメージ図に合わせてご相談をしていく。大きなPR案件では、実施予定日の一、二年程前からスケジュール確保の問い合わせと打ち合わせが始まり、イメージ図を描いては打ち合わせを重ねて描き直しという作業が必要だ。PRに関しては細かなご相談になることも多いため、時間が必要になるのである。

「ペンキ絵を描いていない時は何をしているのですか?」と度々聞かれるが、銭湯の案件もPRの案件も準備期間が複数重なることもあり、なおかつ同時に日々の家事も行っているため、実は時間の余裕はない。会社を辞めて自由業になったから自由になれるだろうと思ったが、自由業が意外と不自由なものなのだとこの仕事をするようになってから知った。これは、会社勤めをする経験があったからこそ比較でわかったことでもある。とはいえ、会社員時代のほうが繁忙期には始発で出て終電で帰宅し、休日は寝込むという日が続くこともあったので、体調に合わせてスケジュールを変更できる現在のほうが体力的・精神的には楽なことは確かだ。

では、時間も手間もかかるのになぜ打ち合わせをするのかと言われると、大学生時代に学んだ狩野派の存在と会社員経験があったからのように思う。

狩野派に関しては、クライアントとの関係と、モチーフ依頼によってどのように絵を制作していくかという姿勢が勉強になる。モチーフのご要望にお答えしつつも、どのように画風を作っていくのかという模索だ。室町時代から江戸時代にかけて幕府や将軍などをクライアントに持ち一大流派を生み出した狩野派は、近代以降、評価が時代によって変わった。彼らは名画などを模写したものを手元におき、中国の花鳥画に倣って「花と鳥」といった固定モチーフを組み合わせて絵を描くなどしてきた。これが昭和の長きに渡り「粉本主義」などと揶揄されていたのだ。一九七〇年代頃には辻惟雄氏の著作『奇想の系譜』(美術出版社、一九七〇)による狩野山雪の紹介で、狩野派の系統にありながら個性的な画風の絵師がいたことが注目され、その後は展覧会などでも狩野派を見直す動きが活発化しているように思う。

この粉本主義だが、同じモチーフを使っていかにクライアントの需要に応える絵を制作し、個性を発揮していくかという点に注目すると大変勉強になる。莫大な下絵資料も、どのように絵を変化させて完成させたのかがうかがえて興味深い。一つの画風で流派を作り、少々強引に言えば工房と捉えることも可能な組織を生み出し、四世紀に渡り存在感を示してきたブランディングに関しても大変興味深い。依頼を受け続ける中で、いかにブランディングを成立させることができるかという模索の様子が見えてくるのだ。

また、もう一つのきっかけは自分が働いていた際の経験だ。私は編集業に就いていたが、本の表紙などは必ずデザイナーからデザイン案が送られてきた。毎回複数の案が来て選ぶというものではなかったが、直しをお願いする際にイメージがあったほうが次の要求が具体的になり、ものすごく楽だった。イメージ画の便利さを利用しないのは勿体ない。先代からお店を引き継ぎ、ペンキ絵のイメージがまだ確立していない若い店主との交渉も、銭湯以外の建築物への制作の依頼の際も、実はイメージ図を制作して完成案を共有しているほうが交渉しやすいのである。

④工房化

近代以降、芸術家は孤高の存在のようなイメージになってしまったが、近世までの芸術家で現代まで名前が残っているのは、むしろ工房など集団での制作をしていた人物が多い。海外では一四世紀、ルネサンス期のレオナルド・ダ・ヴィンチも若い頃は工房に弟子入りして制作を行っていたことなどは有名であるし、日本では前出した狩野派に加え、工芸の世界などでは今も工房制のところが多く見られるだろう。現代なら村上隆氏による「カイカイキキ」などが挙げられる。アートの総合商社というカテゴライズではあるが、本質的には中世の工房の役割を担っているものだ。なお、「カイカイキキ」という名前も、狩野永徳を評した『本町画史』（一六七九年）の中での「恠恠奇奇」という言葉からきており、彼がいかに歴史を通じて美術をどのように解することができるかを探ってきた様子が読み取れる。工房の一つの役割として、受注が多くなったり巨大な作品の制作が求められたりする際に多人数で対応できるという点がある。

その利便性から、私もペンキ絵制作を工房化することができればと思っている。そのためPR案件などの際には、便利屋をしている夫と、彼とともに働いてくれている若者たちに仕事を依頼し、多人数での制作を行ってきた。工房というと何やら特殊な雰囲気がするが、社員数名の小さな会社と考えるとイメージが浮かびやすいかもしれない。そもそも銭湯ペンキ絵の職人が広告会社に属していたことを考えると、当たり前の思考とも言えるだろう。

職人の体調などにもよるが、特に女性に関しては妊娠・出産など自分が仕事を休まざるを得ない時が来た際に有益なシステムだ。個人の画風の再現は不可能としても、工房として作業ができる仕組みを作ることで、条件によってはペンキ絵という安定した「製品」を提供することができる。これは、街の中小企業の仕組みと似ているかもしれない。最後の絵の仕上げは個々の絵師の特性が出るため個性が求められるが、このシステムは大変有益と思われる。なお、工房というと「絵は描き手の個性が出ていなければならないので一人で描くべきでは」などと見ている歴史スパンがものすごく短い批判をしてくる人がいるが、どうか長期的な美術史を学ぶ機会を得ていただけるようにと願わずにいられない。

偉そうに試論を書いているが、全ては夫が便利屋業をしていて私の仕事を受けてくれ、彼の元に信頼できる若者たちが集まってきてくれているから可能なことだ。この人材というものが難しく、弟子入り志願者が来てもうまくいかないこともある。仕事をしっかりと覚えて稼ごうと思ってくれ、数年に渡り仕事を受け続けるやる気のある人材に恵まれることが大切だ。夫が良い人に恵まれることについては、よく怒る私とは反対に優しく場をまとめてくれる彼の人徳と思え、感謝しかない。

⑤ 安全性のために

経済的なことや働き手の仕組みなどについては上記でまとめたが、安全性の確保も大変重要だ。昔から職人に伝わる工夫として、一定時間毎に休憩を取ることや木を使った足場がズレないように組む方法などがある。

湯舟の上の制作スペースとなる「足場」は、木の板や木製の台を組み合わせてつくる。制作中の写真には写らないけれど、フレーム外の床部分では足場がズレないよう固定している。これは場数を踏んで覚えていくしかない。なお私はペンキ絵制作者としては珍しく、高所での長時間作業の際には鉄足場も使用している。鉄足場とは、街の工事現場などで組まれる金属製の棒や板などを組み合わせた足場のことだ。イベントの際などは企画者が鉄足場を用意して使用されることもあるが、通常のペンキ絵の制作では同業の職人が使うことは稀だ。大抵は木を組み合わせている。

鉄足場利用の理由は、とにかく安全性の確保のためにつきる。正直に言えば自分だけであれば少々の無理をして鉄足場が無くとも描いてしまえるが、他のスタッフの存在を考えての選択だ。とはいえ、これも足場設置ができる鳶職であった夫の協力があってこその選択である。なお、慣習として使われてきた足場でも、危険と思われるものに関しては使うことを止めてきた。今までも、職人の道具は時代によって変化してきたはずだ。

休憩に関しては、時間を決めて取ることが必要だ。自覚のないまま疲れた際には作業効率がものすごく落ちこむうえ、やる気はあるので気が急いて自分ではそのことに気づけない。若い頃は休むより動きたいと思っていたが、現場で制作を行ううちに、休憩はサボりではなく絵の確認や体調のメンテナンスとして大変重要な時間なのだということを学んだ。

安全性を確保することで、二つの利点があると考えている。一つは、新たな人材の

現場では、夫とケンカしながら描いている。
どうか、温かく見守って下さい。
木の足場、絶対にこう並べた方がいいって!! 何故なら…
キーッ
いやいや、こうした方が良いでしょ?
だってさぁ…
←理屈っぽい
基本的に、怒らない。

確保だ。当たり前のことなのだが、危険な現場よりは安全な現場のほうが誰だって良い。若者に今後を託すのであれば、安全性の確保は重要だ。もう一つは、現場を公にして見ていただけるという点だ。私はＰＲのお仕事をいただくことも多く、制作中の様子が動画に撮影されることもある。どんな方にでも見ていただける現場を作っていくことで、こういったご依頼も受けやすくなる。

以上のような工夫をしてきたが、果たして今後どのようになっていくのかは自分で実験をしてみるしかない。

十年後の時代の変化を私は読み切ることができない。五年後ですらも怪しい。新型コロナのことも予想すらしていなかった。ＡＩやネットを通じた経済組織の変化などから、クライアントも変わっていくだろう。銭湯の利用者も経営システムも変化していく可能性はある。その中で頼りにできるのは、自分を含めて人間が何を求めているのかを探っていくことに他ならないと思う。

湯煙コラム⑩

中の湯

ペンキ絵ではなるべく明るい色味を使うようにしている。しかし、中の湯の空には一部、濃紺の空が広がる。

制作後に数年してから汚れ隠しのために横面を塗り替えたのだが、横長の画面で時間の移り変わりと光が表現できればと紺色で描いてみた。今になって思うと珍しいペンキ絵だと思う。

可愛いお花を育てている優しい女将さんの姿に癒されつつ、疲れた日にはペンキ絵を片目にじっくりと過ごしていただきたい。

●住所：江戸川区平井6の42の11
電話番号：〇三―三六一二―一〇〇四

16. 銭湯ペンキ絵はアートか否か

ペンキ絵の可能性について書いてきたが、ここで一つ問いを投げかけたい。「銭湯ペンキ絵は、アートか否か」という問いだ。太宰治は『富嶽百景』にこう書いた。

これは、まるで、風呂屋のペンキ絵だ。芝居の書割だ。どうにも注文どおりの風景で、私は、恥ずかしくてならなかった。

銭湯ペンキ絵という言葉は、蔑称のように使われることがある。根底にあるのは、銭湯ペンキ絵は芸術的とは言えないという認識だろう。世の中の「芸術家」から「そんな絵は芸術ではなくペンキ絵だ」といった発言があったのを目撃したことも数回ある。お前は太宰かとツッコミたくもなったが、昭和に活躍した「芸術家」の方に多い意識だと思う。かと思えば、銭湯好きの方の中には「銭湯ペンキ絵はアートだ」と言う方もいる。しかし、この発言も「世の中ではアートと認められていないが」という前提があって発せられるものだろう。しかし、絵でありながら芸術ではないとは、一体何なのだろうか。

「ペンキ絵はアートではない」という方の言葉を見ていると、銭湯ペンキ絵が注文に応じて絵を描いている点から、画家の個性が明確に表れるコンセプトが読み取れないため芸術とは見なさないものとしているように思える。なるほど、画家の個性という近代日本が抱えてしまった呪縛に囚われた思考法だ。

私は、銭湯のペンキ絵は美術的な観点から捉えることが可能なものだと思っている。しかし、一枚で完成する作品ではなく、何枚もの連作により完成する作品だ。そもそも銭湯のペンキ絵は、一軒の銭湯で同じ絵師がずっと描き続けるのが基本だ。絵師は毎回、絵を変えて新しさをアピールする。そして、絵師の経験により画風も変化していく。あれは、連作により時の変化を見るための作品なのではないか。しかし、美術・芸術かと問われると、そこにカテゴライズされることで不自由になる類のものかとも思う。これは、その境界線にある絵なのではないか。

なお、日本でアートの概念が西洋から入ってきた際に「美術」と訳してしまったことへの異和感は前にも書いたが、マルセル・デュシャンの《泉》を見て「美しい！」と思う人よりは「…便器だ」と思う人のほうが多いだろう。あれは、どのようなコンテクストの中で便器を出して意味の揺さぶりをかけたのかが重要な作品だ。便器ではあるが、「美術」作品であることは間違いない。現代美術って、そういうものではなかっただろうか？

さらには、「美術」の訳語の例だけではなく、「works」という概念の訳語を「作品」にしてしまって抜け落ちた部分も大きいと思っている。私の作品は確実に「works」ではある。「研究、作業、仕事、働く、機能する」という意味を持つこの言葉だからこそ表現できるものだと。

そして、大学時代以降お世話になっている日本美術史家の岡戸敏幸先生が仰っていた言葉が忘れられないでいる。「毎日の中で、知らないうちに東京の何処かの銭湯で新しい富士山が描き重ねられていると想像していくと、面白い」と。なんて現代美術的な観点なのだろうと震えた。先生は「ペンキ絵は凝視して鑑賞するのではなく、『眺める』絵だという点が良いね。生活の中で眺めて楽しむ絵というのが、日本美術の中には沢山あった。この鑑賞の仕方は大切です」とも話してくださったことがあり、その視点に幾度となくペンキ絵のあり方を考えさせられてきた。

なお、岡戸先生からは一九五二年二月号の『美術手帳』のコピーもいただいた。アルバイトでペンキ絵を描いていた若い画家の証言が載っているのだ。参考までに二名の言葉を引用したい。

ダンスホールの改装もやったし、風呂屋のバックも描いた。

（中略）

風呂屋では材料別で二千円になったので大もうけしたと思ったら、画のロクにかけないペンキ屋でも其の数倍とるそうだ。

食べられず様々な絵描きのアルバイトをしたようで銭湯ペンキ絵師のことを批判する部分もあるが、掲載された写真を見るとなかなかほのぼのとしたテイストの大らかな絵が描いてあるので、美術の価値とは何かと思うのと確かにペンキ絵制作は向いていない画家だろうなということはわかる。もう一人はとても具体的に仕事について書いておられる。

好きで入った絵の道である。絵を描くためにはアルバイトする。風呂屋の壁画描きもそれである。絵筆とペンキ刷毛は勝手が違い限られた面積に最もペンキの量を少なく使い安い材料費で観光絵はがきの様にキレイに描いてくれと風呂屋の親爺とペンキ屋の親方は注文する。ヴァルールもフォルムもマチエールもあったものではない。

（中略）

風呂屋の営業が二時からだから早朝から開業前までに前の絵をつぶしながら、三日で男湯、女湯の二枚を描いた。それとても風呂屋専門のペンキ屋がいて名も知らない若い絵描きなんぞ最初から有給では描かしてくれなかった。

当時は一日で描き終えていたわけではなかったのかと驚かされるとともに、「ヴァルールもフォルムもマチエールもあったものではない。」といった表現から自分の拘っていた画法が通用しない世界であることを嘆いている様子が窺える。

この資料からは、画家が「自分の描きたい美術的な絵画ではないぞ」と違和感を覚えながら描いている様子―つまり、銭湯ペンキ絵がアートなのかという問いを「芸術家」は自分のアイデンティティ確立のために持ち続けていた点と、「銭湯ペンキ絵は職人が生み出すものだ」と一部の人間に崇めたてられている現状に対して、実は職人以外も描いていた時代があったことを示すものになっている点が興味深い。

こういったアルバイトは特別なものではなかった。お世話になった彫刻家の方が「俺の親も戦後にペンキ絵を描いていたよ」と話してくださったことがある。日本画家であった父上が銭湯ペンキ絵を制作していたというが、本人は当時のことをあまり語りたがらなかったようだ。これも「芸術家」アイデンティティによる反骨精神なのだろう。

なるほど、職人の生み出すものは、美術には成り得ないのだろうか。では、「美術」とは何なのだろう。

美術史を学んでいると、江戸時代の庶民が楽しんできた浮世絵の存在や、明治時代の油絵画家が見世物小屋のような茶屋で絵を発表してきた事実を知るようになる。今では美術館に国の宝として飾られる作品たちの過去だ。それは、凝り固まった謎の階級意識から抜け出す鍵となる知識である。名称や肩書きではなく、本質を捉えなければならない。その上で、様々な思考から美術だと思う方には美術だろうし、そうでない方には違うものなのだ。これはもはや、鑑賞者によって解釈が変わるものでよいのではないだろうか。

なお、私は絵にサインを書かないようにしている。作者の存在が強いと、それは「他の人が描いた絵」になる。誰が描いたかわからない、誰の絵でもないものを私は描きたい。益々、昭和の芸術家からは「芸術家らしくない」と言われてしまう言動なのだろう。

それでも、銭湯好きの方には画風から作者がわかる方もいらっしゃる。そんな方のために、私はブログで銭湯での制作記を残している。お茶の文化の中では、茶椀に銘は無いものの来歴は箱書や語り継がれてきたものから伝わるという歴史がある。私は、お茶の箱の代わりにネット空間を使って来歴を残していこうと思う。時代の風流人が見つけてくれたら嬉しい。現代の茶器的「Works」を模索していけたら幸いだ。

個人的には、ペンキ絵がアートだろうがアートでなかろうが、どうでもよい。鶴見俊輔の唱えた、非専門的芸術家がつくり、非専門的享受者によって享受される限界芸術なのかもしれない。ただ、絵でありながら美術とはみなされない存在があることで、境界線が露わになり見えてくるものがあることが興味深い。

「Not『アート』But Paint」という父の言葉を、私は考え続けるのだろう。

湯煙コラム⑪

第二日の出湯

最後に紹介したいのは、もう閉店した銭湯だ。いつもは閉店した銭湯については紹介しないのだが、ここは別だ。本当にお世話になった。PRに関するペンキ絵を描かせていただいたのは、ここが初めてだった。

様々な案件で絵を描かせていただき、いつもニコニコと明るく優しく見守ってくださる店主ご夫婦の姿がありがたかった。

ペンキ絵は、銭湯が無ければ観られない。そして、今しか観ることができない。それを忘れてはならないだろう。

※二〇一七年十月閉店。

17. 銭湯の未来

銭湯の数が減ってきている。

…ということは、長年言われ続けている。減ってくる中で、人々の銭湯観が変わった夕イミングがあったはずだ。「街で暮らす老若男女が毎日行く銭湯」という銭湯観を変えたターニングポイントは、個人的に七〇～八〇年代にあるのではないかと考えている。この頃、小説や評論の中でも、銭湯の捉えかたが変わってくるのだ。

例えば、既出の石子順造の『キッチュ論』に収められた「キッチュ論ノート」。ここでは、「近代」を象徴するものとしてペンキ絵を捉えている。さらに同書の「銭湯のペンキ絵」では、時代を追って銭湯に集う人々が〈ムラ〉から〈群化〉し、「都市人口の急増と住宅事情の悪化は、銭湯を便宜以上の何物でもなくしてしまったと思える。数もふえ、設備はいっそう近代化されながら、銭湯は、誰のものでもありうる便宜によって、誰のものでもなくなっていく。（中略）私人として分断され、疑似的な〈自由〉を享受するアパートの一室で、風呂つきのマイホームを夢想するための、とりあえず便宜の場でしかない。」と続く。この文章が書かれる数年前の一九六八年には都内に二、六八七軒の銭湯があり、銭湯の全盛期と言える状況だった。石子の言葉は、その後の銭湯離れを予見する指摘だったと言える。

銭湯通いではなくマイホームを持つ生活を望む姿勢は、一九七〇年代後半の赤瀬川原平の雑誌連載「妄想科学小説」（『公評』、公評社）でも見られる。「次郎はやっとのことで風呂場を手に入れた。いままではずっと銭湯だったのだ。（中略）それにやはり現代では、自分の風呂場をもっていないと一人前でないような気がしたりして……。」（「マイホーム計画」、一九七六年八月）」、未来を描いたSF作品では「いうまでもないことであるが、近年の家庭用ホームバスの普及によって、いまや大衆浴場は絶滅の危機に瀕している。」（「てんやもの」一九七七年三月）など、この時期にマイホームを持ち銭湯から離れていく人々の姿が捉えられているのだ。マイホームの普及とともに、銭湯を前近代的な場として捉えるようになって四十年余り。鬼の首をとったように今更「銭湯の数が減っていて云々」という人間は多いけれど、流石に古くないか。ともあれ、これだけの時間があった中で、状況が変わっていない（むしろ悪化している）ことが問題なのだろう。

銭湯数の変化を見ていくと、このまま減少が進めば都内銭湯数は半分に淘汰されるだけでは済まないかもしれない。しかし、同時にそれは淘汰を勝ち残った銭湯が残ることでもある。ゼロになる可能性は低い。現状ではSNS利用の浸透などもあり、若手経営者や若手銭湯ファンが関わる多くの銭湯が自己発信や自分のお店のブランディングに乗り出しており、銭湯のあり方が変わっていくだろう。ただし、銭湯とは縁の無かった若者が銭湯で働き始めた際、店舗を買い取るとしても巨額な資金が必要になり、その後もいかに営業を続けていけるかという根本的な資金面の問題が現実的には残る。銭湯家主の家族経営ではない銭湯が生き残ることができるか否かは、この経済的な面が大きくもあるだろう。

銭湯をやりたいという人々も増えつつあり、その気持ちは大変重要なのだが、経済面のリスク回避ができない限りは銭湯数減少を食い止める若手の参入は難しいはずだ。その際、前章で書いた超高級銭湯化か、あるいは国の完全管理下におかれ完全無料化といった変化が起きる可能性も否めない。現状のこの国に、銭湯を完全管理化できる予算とスキルがあるのかも不明ではあるが。

様々な国の文化資金援助のあり方を見ると、大富豪が巨額の資金を援助して、その大富豪には特権が付与されるといった例や、ネットを介し個人としては少額ながら多数の人数から資金を集めるクラウドファンディングといったサービスがあり得る。そういった方法を参考に銭湯継続の資金リスクを分散させる仕組みが必要なはずだ。

ただ、そういった変化が起きて、超高級化したり、国営化されたり、大富豪やクラウドファンディングからの資金援助を受けた際、万が一でも画一化されたブランディングが起きてしまうと、銭湯が本当につまらなくなるだろうなと予想している。

銭湯は店主がお店を作り上げ、一軒一軒に個性がある、それが面白いのだ。この仕事をしていると痛感する。地元の名物を描いてほしいとか、常連客の要望を描いてほしいといった絵のモチーフについては前にも書いてきたが、銭湯の人たちと話していると銭湯のある地域に住み続けてきたからこその地元への愛情や、常連客を家族のように慈しむ心が垣間見えることがある。その結びつきの強さは、実は長い時間と手間をかけてこそ作り出されたものであり、経済的な面から考えても莫大な価値があるはずだ。

番台の名物おばあちゃんが大切に育てている玄関の鉢植えの花が季節によって綺麗に咲いていることに嬉しくなったり、庭に用意された池にこだわりの鯉や金魚が泳ぐ様子に癒されたり、店主の奥さんによる手作りの小物が飾られていてホッとしたり、お店の息子さんがファンなのかなというスポーツチームやアイドルのポスターが貼られていたり、娘さんが選んだらしく急にお洒落な小物が飾られていたり…。

そういう場だからこそ、親しみを持って集まる人がいる。銭湯の帰り際、番台からの優しい「おやすみなさい」の声にささくれ立った心が癒されたり、常連客同士の会話が落語のやり取りのようで微笑ましかったり、脱衣所で世間話をする名前も知らない人物のものすごい人生が勉強できたり、小さな子連れのお客さんがいると皆が子供に笑いかけて場が明るくなったり。そういった人間関係を生み出すのは、「色々な人」を受け止められる擬似家族的なスペースがあってこそではないか。

急にノスタルジックになってしまったが、ＡＩの進化が起きる今後、むしろ人間が求めるのはこういった人間くささなのではないかと思われる。そのために必要なのは、口出しせずに援助ができる成熟した資金援助システムなのだろう。

新しい建物も、新しいシステムも、生きていればいつかは古びる。

落語にも『湯屋番』なんてものがあるし、昔から銭湯を舞台にした戯曲はあって、長らく銭湯での人間模様が愛されてきた。「集まる人の面白さ」という点は変わることがなく、本質的な要素と思われる。本質を見逃さぬまま時代を読む努力をしていくべきだろう。

会社員時代、帰り道に寄った銭湯で
仕事でおちこんだ日も、
銭湯に行くと・・・
にこにこ
ありがとうね。
おやすみなさい。
大きな湯船とペンキ絵、
帰りぎわの番台の笑顔に、
「明日、がんばろう!!」と思えた。

あとがき

四年前の春に執筆のお話をいただいてから、長い時間がかかってしまった。自分の考えていることをまとめてみたいと思い快諾したものの、本業で多忙となり（不器用とも言う）、執筆の時間が取れなくなっていたのだ。

しかし一昨年、仕事で少し時間が取れるタイミングがあり、人生計画を考え直す機会があった。そして、私たち夫婦の元にコウノトリが赤ちゃんを運んできてくれた。子供のことも、執筆のことも、今しかないというタイミングだった。

子供が産まれてしばらくは、おそらく子育てと少しずつ再開する仕事とで手一杯になってしまうだろう。自分のことに専念できる時間はしばらく取れない。そんなことを思いつつ、妊娠中にこの本のほとんどを書いた。

執筆を始める前、休憩こそ取りつつ二十七時間かけて作品を制作することもあった私は根性に自信があった。そのため、妊娠もある程度までは気合いで対処できると思っていた。しかし、その現実はすぐに打ち砕かれる。体調自己管理では管理しきれない他者がお腹にいるというのは、なるほど、こういうことなのか。そして子が産まれた今、スヤスヤと眠りながらも急に夜泣きをしだす我が子の横で、深夜に原稿を読み直している。


支えてくれた夫と家族、銭湯の方々とお医者さん、学ぶ機会をくださった皆様には感謝しかない。また、酷い締め切り破りをおかした私を「僕も昨年、子供が産まれて」と優しく見守ってくださった編集の山本さんにも、ここで心からの御礼を申し上げたい。

また歳を取ったら、私の銭湯ペンキ絵観も変わるだろう。時代の変化もあるだろう。今までの研究に加え、二〇二一年の三八歳の現時点で思うことをここにまとめてみた。

銭湯に行ってペンキ絵を眺めてくださる方に、そして職人として生きていこうという若者に、この本が届けばありがたい。

Not「アート」But Paint.
今後も問いを持ち続けていけますように。

令和三年三月

田中みずき

田中 みずき（たなか みずき）

1983年生まれ。明治学院大学在学中に銭湯ペンキ絵師・中島盛夫氏に弟子入り。大学院修了後、出版社編集業等を経て、アートレビューサイト「カロンズネット」の編集長を務める。2013年より夫の「便利屋こまむら」こと駒村佳和と銭湯のペンキ絵を制作。通常の銭湯でのペンキ絵制作に加え展覧会、イベント、ワークショップなど多くの方にペンキ絵を使って銭湯に関心を持っていただける活動を模索中。Audi Japan、BEAMSといった企業のPR関連のペンキ絵制作なども行う。

わたしは銭湯ペンキ絵師

令和3年5月20日　　初版第1刷発行
令和3年6月10日　　初版第2刷発行

著　者　田中みずき
発行人　町田太郎
発行所　秀明大学出版会
発売元　株式会社SHI
〒101-0062
東京都千代田区神田駿河台 1-5-5
電　話　03-5259-2120
FAX　03-5259-2122
http://shuppankai.s-h-i.jp
印刷・製本　有限会社ダイキ

ISBN978-4-915855-42-9